LES
A PROPOS
DE
SOCIETÉ
ou
Chansons de M. L****
Tom. I.
M.DCC.LXXVI.

SI le but ordinaire d'une Préface n'étoit autre que celui de donner au Lecteur des notions préliminaires sur l'Ouvrage que l'on expose à ses yeux, cette précaution deviendroit inutile, à la tête d'un Recueil, dont le titre paroît suffisant pour annoncer l'objet, Mais en regardant ces sortes d'Avant-Propos, comme un secours que l'amour-propre de l'Auteur se ménage, avec plus ou moins d'adresse, pour disposer son Lecteur à l'indulgence, l'Auteur en sent trop la nécessité pour déroger à l'usage.

Nombre de Sociétés, à l'amusement desquelles il a consacré quelques momens de loisir, l'ont pressé de réunir ses Chansons dans un Recueil. Ce préambule, quoique indifférent pour le Lecteur, a pour but de le prévenir que la plus grande partie de ces Opuscules, n'a été composée que pour différentes occasions de plaisir, telles que grandes & petites *Fêtes de Société.*

Quand l'imagination se trouve resserrée dans un cercle de sujets monotones, il est mal-aiſé qu'elle échappe conſtamment à la monotonie. L'Auteur a tant de fois fait parler l'*Amitié*, l'*Amour*, le *Zele*, la *Reconnoiſſance*, qu'il a peut-être plus ſouvent changé leur parure, que leurs propos. Demandez à un Peintre vingt Portraits différents de la même perſonne? il vous la préſentera de profil & de face; & finira par ne trouver de reſſources que dans la variété des attitudes & des ornemens.

D'après cet expoſé, le Lecteur jugera ſans peine, que l'Auteur eſt animé du deſir de lui inſpirer des diſpoſitions favorables, & qu'il cherche à employer autant d'adreſſe que de bonne foi, pour lui faire perdre de vue, ou du moins pour lui faire regarder, d'un œil moins ſévere, le retour d'expreſſions, & peut-être même d'idées paraſites, qu'il doit s'attendre à trouver dans ce Recueil. Auſſi s'eſt-on bien gardé d'y réunir de ſuite, & par ordre, les Chanſons relatives à des circonſtances qui peuvent avoir les mêmes rapports. L'on a diſtribué dans cet ouvrage trente ou quarante Chanſons, ſur leſquelles l'Auteur n'a eu que ſon imagination pour guide, & n'a point été aſſervi à des *objets de commande*. Ce mêlange lui a procuré la facilité de varier les ſujets, d'éloigner les unes des autres, les uniformités d'idées ; de maniere que l'on peut quelquefois lire de ſuite cinq à ſix de ſes Chanſons, ſans l'accuſer de s'être trop répeté.

On le taxera peut-être de mal-adreſſe, de s'être expoſé à un reproche auquel il pouvoit échapper ſans peine. Il lui en auroit en effet peu coûté, de retrancher les Chanſons qui ont entre elles des reſſemblances trop frappantes. Mais tel objet, qu'il auroit ſupprimé ſans regret, auroit détruit l'illuſion du ſuccès qu'il a eu dans telle ou telle Société. Dans un moment où l'Auteur ne trouvera que trop de critiques, il doit être au moins aſſez ſenſé, pour ſe ménager le petit nombre de partiſans que ſemblent devoir lui aſſurer quelques productions, plus ou moins foibles, mais imaginées pour eux, & ſur leſquelles il a ſouvent ſacrifié ſon amour-propre, au deſir d'amuſer & de prouver ſa complaiſance.

Son imagination, conſtamment animée par ce deſir, n'a cependant jamais été aſſez vive pour produire d'*in-promptu ;* auſſi le Lecteur doit-il croire que les Couplets, qualifiés de ce titre, ſont ceux ſur leſquels l'Auteur n'a ſouvent eu qu'un quart d'heure pour raſſembler ſes idées ; raiſon de plus, lui dira-t-on, pour faire grâce de quelques minuties qui ne peuvent que perdre à l'examen ? Il en convient ; mais dans le nombre de ſes Lecteurs, il s'en trouvera peut-être qui auront oublié la réponſe que Moliere a miſe dans la bouche de ſon Miſantrope :

» Le temps ne fait rien à l'affaire.

Et le titre ſeul de ce Recueil (qui n'annonce que *des A-propos de Société*) leur rappellera ce Vers que l'on auroit dû y placer pour Epigraphe :

» *C'eſt l'A-propos qui fait tout.*

Elle eût prévenu le Lecteur, de la nature des objets ſoumis à ſon jugement ; elle eût diſpenſé l'Auteur, de dire, que le ſeul mérite qu'il attachoit à des productions ſi frivoles, étoit celui de ſaiſir l'*A-propos*, & dans les Fêtes & dans les Objets particuliers dont il s'étoit chargé. Mais à défaut d'Epigraphe, les Notes miſes à chaque Chanſon, indiqueront tout ce qui pourra rendre préſente l'occaſion ſur laquelle on a réclamé, ou le zele, ou l'amitié, ou la complaiſance de l'Auteur. L'idée ſeule de l'*A-propos* fera peut-être regarder au Lecteur indulgent, comme d'heureuſes négligences, les incorrections de ſtyle ; car l'Auteur n'a rien négligé de ce qui pouvoit fixer l'attention ſur les entraves que l'on avoit données à ſon imagination. Il oſe ſe ſlatter que le nom du Héros ou de l'Héroïne d'une Chanſon lui ſervira plus d'une fois de ſauve-garde ; qui ſçait même ſi le mérite d'un Air heureuſement choiſi ne répandra pas aſſez d'illuſion pour diſtraire d'idées communes & triviales, ou faire paſſer des Vers peu ſoignés ? C'eſt dans cette eſpérance que l'Auteur doit plutôt dire à ſon Lecteur, » *prends & chante*, que » *prends & lis.* Auſſi pour inviter plus aiſément à chanter, l'on ne s'eſt pas contenté de noter l'Air d'une Chanſon, l'on a cru devoir y ajouter le *Timbre* (*a*) qui le déſigne ; & les Amateurs de l'ancien Vaudeville ne pourront douter du deſir que l'on a de leur plaire, quand ils verront qu'ils ont, à chaque inſtant, la facilité de chanter ſur des Airs anciens qui leur ſont indiqués, nombre de Chanſons, notées ſur des Airs nouveaux ; précaution que l'on a cru néceſſaire pour échapper aux Critiques, ſur les Airs nouveaux qui pourroient n'être pas du goût de tout le Monde.

(*a*) L'on appelle *Timbre*, en ſtyle de Chanſonnier, le Refrein ou le Vers qui ſert à rappeller l'Air d'une Chanſon.

TABLE
DES CHANSONS

Contenues dans le Tome Premier DES A-PROPOS DE SOCIÉTÉ.

Fin de la Table.

CONSEILS

Tome I.

N. De Launay sc.

CONSEILS

A LA VIEILLESSE. (*a*)

Sur l'Air : Nous n'avons qu'un tems à vivre.

RIONS avec la Jeu-nes-se !

(*a*) Cette Chanson étoit chantée par Clémence Isaure, & les Vieilles de la Cour d'Amour, dans un divertissement intitulé les Jeux Floraux, & imaginé pour une Fête que l'on célébroit le premier de Mai.

Sui-vons le Plaiſir qui la ſuit!
C'eſt un bien pour la Vieil-leſ-ſe,
D'a-mu-ſer le Tems qui s'en-fuit.
On voit ré-veiller la Na-tu-re
Au chant des Oiſeaux du Printems;
Le plaiſir de voir la ver-du-re,
Lui fait per-dre ſes cheveux blancs.
Ri-ons a-vec la Jeu-neſ-ſe!

POUR adoucir l'humeur chagrine,
Des jeux il faut ſe rapprocher ;
C'eſt ſur cet eſpoir que l'épine
Sous la Roſe aime à ſe cacher.
Rions avec la Jeuneſſe !
Suivons le Plaiſir qui la ſuit !
C'eſt un bien pour la Vieilleſſe,
D'amuſer le Tems qui s'enfuit.

A ij

Quand nous le prions qu'il demeure,
Il eſt ſi vieux qu'il n'entend plus;
Il n'y voit que pour preſſer l'heure,
Et compter nos momens perdus.
Rions avec la Jeuneſſe!
Suivons le Plaiſir qui la ſuit!
C'eſt un bien pour la Vieilleſſe,
D'amuſer le Tems qui s'enfuit.

Ce jour en eſt un qu'il nous laiſſe
Pour nous rappeller nos beaux ans;
En nous le donnant il nous preſſe
D'en mettre à profit les inſtans.
Rions avec la Jeuneſſe!
Suivons le Plaiſir qui la ſuit!
C'eſt un bien pour la Vieilleſſe,
D'amuſer le Tems qui s'enfuit.

Mais pour ne pas reſter muettes
Près de l'Objet de vos ardeurs,
Nous lui prêterons nos lunettes
Pour mieux lire au fond de vos cœurs.
Rions avec la jeuneſſe !
Suivons le Plaiſir qui la ſuit !
C'eſt un bien pour la Vieilleſſe,
D'amuſer le Tems qui s'enfuit.

(b) Déſignant aux Spectateurs la Perſonne que l'on fêtoit & lui préſentant leurs lunettes.

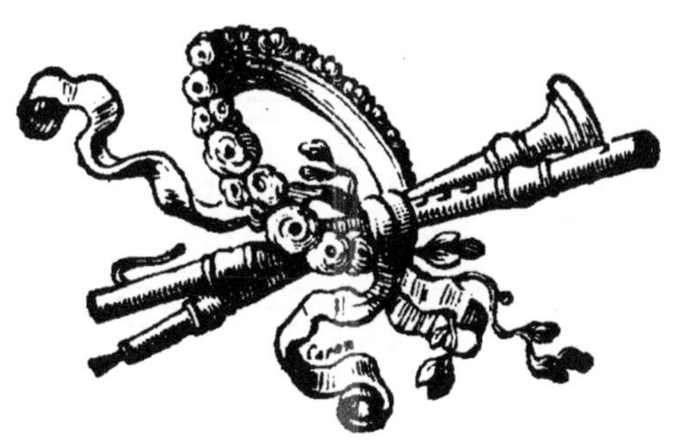

I I.

CHANSON DES VIEILLES,

DE LA COUR D'AMOUR. (*a*)

Sur l'Air du Vaudeville du Tems paſſé.

(*a*) Cette Chanſon fut chantée dans le même divertiſſement que la précédente.

-prit a-voit moins d'as-suran-ce ;
Mais pour éclairer l'igno-ran-ce, Le
cœur étoit as-sez ru-sé. Rap-pel-
-lons la souvenan-ce du bon tems
pas-sé ! Rappel-lons la sou-ve-
-nance Du bon tems passé !

LE Mai nous étoit annoncé ;
Des arts c'étoit la renaissance :
Le suffrage de l'indulgence
Dans tous les cœurs étoit placé.
(b) Rappellez, &c.

UN Auteur, à plaire empressé,
Donnoit ses vers un mois d'avance ;
Il causoit moins d'impatience,
Il en paroissoit moins glacé.
Rappellez la, &c. (c)

L'AUTEUR.

LA rime alors à l'A B C,
Aux Vers donnoit plus douce aisance ;
Dans le sein de la médisance
Son fiel restoit encor glacé.
Rappellez la, &c.

(b) Aux Spectateurs.

(c) Toutes les Vieilles à l'Auteur, que l'on taxoit de paresse, sur ce qu'il distribuoit toujours trop tard ses rôles.

Le même.

Plus à plaire on eſt empreſſé,
Plus on eſt dans la défiance ;
Chez vous le défaut d'aſſurance
De pareſſe étoit-il taxé ?
Rappellez la ſouvenance
Du bon tems paſſé !

LE CHŒUR.

Rappellons la ſouvenance
Du bon tems paſſé !

III.

Sur un Air de M. L***

Cette Chanson peut se chanter sur l'Air de Joconde.

Couplets pour servir d'envoi à deux Chansons, l'une intitulée, *Conseils à la Vieillesse.* L'autre, *Le Plaisir dans son meilleur tems*, demandées toutes deux à l'Auteur par une Dame qui accueilloît les Talens.

Mais vous aimez trop leur progrès,

Pour chérir leur en - fan - ce.

Je vous voyois au milieu d'Eux, (*a*)
J'oſai chanter Iſaure ;
Ces Arts, ainſi que ſous ſes yeux
Se ranimoient encore ;
Vous ſaisîtes tous les attraits
De ſon portrait fidele,
Comme un Peintre ſourit aux traits
Saiſis dans ſon modele.

(*a*) Pluſieurs Talens célébres étoient chez cette Dame quand l'Auteur y chanta ſes Chanſons.

VOUS exigez les vers, les chants,
Qu'une Ame bien-faiſante
Employoit pour tromper du Tems
La courſe impatiente ;
Raſſurez ma timidité,
En ſongeant que mon zele
Emprunte ſa ſincérité
Du tems qu'il vous rappelle.

I V.

VÉNUS DANS LA RETRAITE. (*a*)

Sur l'Air : Un jour me demandoit Hortenſe :
Elle peut auſſi ſe chanter ſur l'Air
Tout roule aujourd'hui dans le monde.

VÉNUS un jour ſe vit grand-me-re,

Quoi-que dans la jeu-ne ſai-ſon,

Soudain el-le prend l'air ſé-vé-re,

Et les ha-bits de la Rai-ſon.

(*a*) Chanſon pour amener un des premiers deſſerts que M. Paſſemant ait faits, & analogue aux différens tableaux qu'il contenoit, préſenté à une jeune Dame qui ſe caſanoit à la campagne.

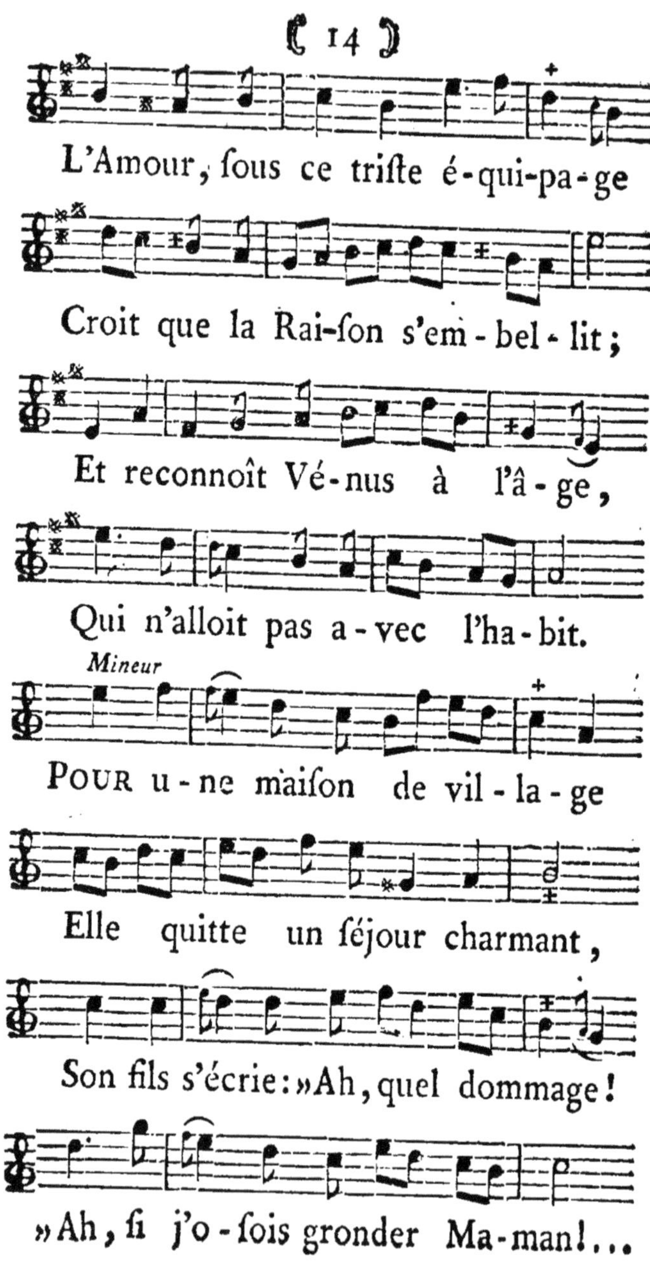
L'Amour, ſous ce triſte é-qui-pa-ge
Croit que la Rai-ſon s'em-bel-lit;
Et reconnoît Vé-nus à l'â-ge,
Qui n'alloit pas a-vec l'ha-bit.
Mineur
POUR u-ne maiſon de vil-la-ge
Elle quitte un ſéjour charmant,
Son fils s'écrie: »Ah, quel dommage!
»Ah, ſi j'o-ſois gronder Ma-man!...

Dans le fond du cœur il ſou-pi-re ;

Mais n'o-ſant gêner ſes de-ſirs,

Pour la ſervir, ſans lui rien dire,

Il fait traveſ-tir les Plaiſirs.

Majeur.

LES uns ſont en *Batteurs en grange*,
Dont ils commencent le métier ;
D'autres *cerclent pour la vendange*,
Avec l'habit de *Tonnelier* ;
Un autre *ſcie*, un autre *taille*,
Un autre *aiguiſe* les outils ;
Un autre *élague*, & tout *travaille*,
Juſqu'au *Chat* qui prend les *Souris*.

Mineur.

ON voit un *Enfant* qui s'apprête
A faire tourner un *moulin*,
Emblême de plus d'une tête
Qui près d'Elle auroit ce destin ;
Un *Chien*, que cet *Enfant* caresse,
Prouve que la fidélité
Séduit, même avant la jeunesse,
Et flatte autant que la beauté.

Majeur.

VÉNUS vient ; l'ardeur de lui plaire
Passe à l'instant dans tous les cœurs ;
Un regard d'Elle est le salaire
Qui rend les Plaisirs travailleurs ;
Sur Eux tournez les yeux ! comme Elle
Vous les verrez s'animer Tous. (*b*)

(*b*) Alors on tiroit le fil qui mettoit en action, tous les différens objets de ce tableau mouvant qui se trouvent désignés dans la chanson.

Vénus

Vénus vous servît de modele,
Les Plaisirs en sont un pour Nous.

V.

LA NAISSANCE *DE L'AMOUR.* (*a*)

*Sur l'*Air - *Ah ! Ma Voisine es tu fâchée ?*

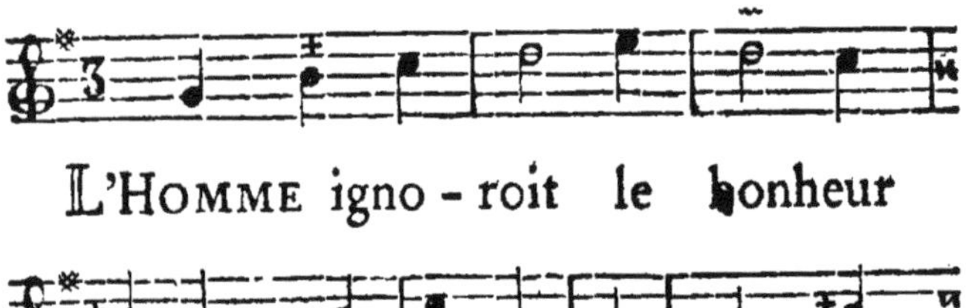

L'HOMME igno - roit le bonheur

d'être, (*b*) Avant le jour, Où la

Bien - fai - ſan-ce fit naî - tre Le

tendre Amour : Les Dieux étoient,

(*a*) Cette Chanſon fut faite pour une fête dans laquelle M. C*** chanta la naiſſance de Bacchus.

(*b*) Etat du monde avant la naiſſance de l'Amour.

dans leur par-ta-ge, Privés d'autels,

Et de leur plus doux avan-ta-ge

Sur les Mortels.

LE cœur, que tenoit l'Ignorance
Dans le cahos,
Ne connoissoit que l'Innocence
Et le Repos ; (c)
L'Amour naît, & par sa présence,
Un jour nouveau
Luit au cœur, qui de son enfance
Est le berceau.

(c) Naissance de l'Amour.

» Cœurs animés, bornez à plaire
» Tous vos desirs;
Leur dit l'Enfant qui les éclaire
Sur les plaisirs;
» La Beauté, des Dieux est l'Image,
» Tient ses biens d'Eux;
» En l'adorant, trouvez l'hommage (*d*)
» Qu'on doit aux Dieux.

Le feu que cet Enfant fait naître,
Charme le cœur,
Aux Dieux même (*e*) apprend à connoître
Tout leur bonheur.
S'il est des instants où notre ame
S'approche d'Eux,
Mortels! ce sont ceux où sa flâme
Brille à nos yeux.

(*d*). Origine des hommages offerts à la Divinité.

(*e*) Pouvoir de l'Amour, sur les dieux & les hommes.

DÉJA Zéphir caresse l'Onde
Soir & matin ;
(*f*) La Terre, au Dieu qui la féconde,
Ouvre son sein ;
Le Ruisseau presse la Verdure
Plus tendrement,
Le Ciel embrasse la Nature,
Tout est Amant.

Quels chants nouveaux l'Oiseau fredonne
Sur ce Rosier, (*g*)
A sa Moitié, qui lui pardonne
De l'éveiller !
Les Arts (*h*) sont nés ! chacun veut plaire,
Chacun s'instruit ;
Le feu qui luit au cœur, éclaire
Bientôt l'esprit.

(*f*) Sur les Elemens.

(*g*) Le Rosier est consacré à l'Amour.

(*h*) Origine des Arts.

Voyez bondir dans la campagne
Moutons, (*i*) Chevreaux,
Le Cerf, pour chercher sa Compagne,
Franchir les eaux; ...
Et sur les merveilles qu'opére
L'Amour naissant,
Jugez de tout ce qu'il fait faire
En grandissant.

Vous en connoissez la puissance,
Et les progrès;
Dans ces lieux je peins sa naissance,
(*k*) Vous, ses succès;
Et si ma Muse renouvelle
Ce jour si doux,
C'est que chaque instant le rappelle
Auprès de vous.

(*i*) Pouvoir de l'Amour sur les Animaux.

(*k*) Aux Dames.

VI.

COMPLAINTE,

SUR LA MORT D'UN CERF,

QUI A TOUJOURS ÉTÉ ACCOMPAGNÉ DE DEUX BICHES.

Sur l'Air de Joconde.

deux Epouſes... ſur ces traits Que

nul ne ſe ré-cri - e ! Sçachez qu'on

croit dans les fo - rêts A la Po-

- ly - ga - mi - e.

COMME un Sultan, que ſur ſon choix
Sa volonté raſſûre,
Il ſentoit le prix de tes loix
Indulgente Nature !
Tel, ſortant du ſein de Thétis
L'Aſtre heureux qu'Elle adore,
Ranime ſes feux affoiblis
Pour conſoler l'Aurore.

Toi, qui servois si bien ses vœux,
Puissant Dieu de Cithère,
Que n'étendois-tu sur ses feux
Le voile du Mistère!
Quatre Nymphes, (*a*) frappent ses yeux,
Et son ame ravie
Ignore qu'un regard heureux
Va lui coûter la vie.

Sur ses pas tout fier d'attirer
Quatre Nymphes charmantes,
Il s'anime, il croit réparer
Ses forces languissantes;
Vaine espérance! son orgueil,
Dans ce moment funeste,
Va perdre contre son écueil (*b*)
La force qui lui reste.

(*a*) Quatre Dames qui étoient à la chasse.

(*b*) Le Cerf tomba aux pieds de leur caléche.

Aux quatre Dames.

Ses pleurs, faits pour intéreſſer,
Sembloient encor vous dire :
» A qui ne peut vous amuſer
» La vie eſt un martire :
» Nymphes, j'ai ſuivi vos deſirs,
» Vous voulez que je meure ;
» Mais je vous vois, & les Plaiſirs
» Marquent ma derniere heure.

ENVOY.

Pour bien peindre un objet ſi cher
Ma Muſe me ſeconde,
Pour le chanter, m'indique l'air
Le plus triſte du monde :
Mais ſi ſon but eſt mal rempli,
Ma fatigue eſt extrême, (c)
L'Auteur, qui vous peint l'Alali,
Eſt à lali lui-même.

(c) L'Auteur revenoit de la chaſſe.

VII.

CHANSON, *POUR LA FÊTE* DU SEIGNEUR DE CHATOU.

Sur l'Air - Venez vendanger avec nous.

JADIS, ces Mortels vertueux,
Dont Elle éclaira la carriere,
Loin d'Elle sçavoient être heureux
Du soin de cultiver la terre;
Leur campagne étoit leur *Chatou*,
Sans peine on le suppose;
Et leur vrai bonheur étoit où
Le vôtre se dépose.

Oui, c'eſt dans le ſein prétieux
De l'Amitié, de la Nature,
Que vous ſçavez trouver, comme Eux,
La félicité la plus pure :
Vous en goûtez tous les attraits ;
Rien ne peut vous diſtraire
Des Heureux que vous avez faits,
Ou que vous voulez faire.

Aussi, voyez qu'ils ſont joyeux
Du jour chéri qui les raſſemble !
Le Plaiſir peint dans tous les yeux
Y ranime un Auteur qui tremble ;
Mais pour bien peindre la gaité
Qu'il voit ici paroître,
Prêtez-lui la ſincérité
Du cœur qui la fait naître.

LE Saint qu'en vous on a fêté,
(Ce trait vous frappera peut-être;)
A l'Amour pour la Vérité
Dût l'eſtime du meilleur Maître;
Si votre ame, en fidélité
Egala le Saint même,
Elle a, ſur la frugalité,
Négligé ſon ſyſtême.

ON ſçait que le Saint aima l'eau,
Puiſqu'il en fit ſi bon uſage;
Sur cet objet ce goût nouveau
En vous a germé d'âge en âge;
Mais vous donnez du vin ſi bon,
Que nul ne lui réſiſte,
Et qu'en vous on voit Jean le Rond
Egayer Jean-Baptiſte.

VIII.

CHANSON

DES PAYSANS DE CHATOU.

POUR LA MÊME FÊTE.

Sur l'Air - Laiſſons nous charmer du plaiſir d'aimer.

A quoi ſert un cœur? C'eſt, not'

bon Seigneur! A ſen - tir ſon bon-

heur; Et pour nous, d'honneur, C'en eſt

un ben doux, Que de pouvoir

Tous, ré-u-nis en ces lieux, Vous of-
-frir nos vœux ! On vous ai-
-me pour vous mê-me, On le
dit en vous fê-tant ; On ſou-pi-
-re, On aſ-pi-re Après ce mo-
-ment, Moment où l'on ſent, A quoi
ſert un cœur ; C'eſt, not' bon Sei-
-gneur ! A ſen-tir ſon bonheur ; Et pour
nous

nous, d'honneur, C'en eſt un ben
doux, Que de pouvoir Tous, Ré-u-
nis en ces lieux Vous of-
frir nos vœux ! A vos yeux que de
vers, Que d'hommages divers, Et Phœ-
bus, & l'Amour Font é-clo-re !
L'on im-plo-re... Juſqu'à Flo-re,
Chacun veut trou-ver L'art de

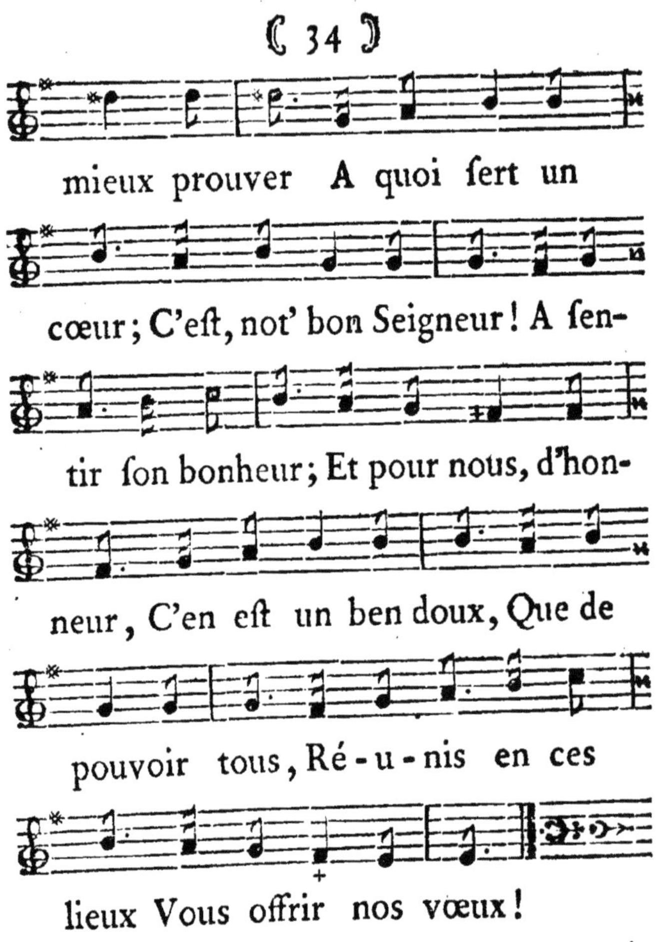
mieux prouver A quoi ſert un
cœur ; C'eſt, not' bon Seigneur ! A ſen-
tir ſon bonheur ; Et pour nous, d'honneur, C'en eſt un ben doux, Que de
pouvoir tous, Ré - u - nis en ces
lieux Vous offrir nos vœux !

IX.

POUR LA MÊME FÊTE. (*a*)

Sur l'Air – De Jean Devair en France.

(*a*) Chanſon de Jean le Doux, Chanſonnier de Village.

MAIS ſi je dis tout de travers
Ce que pour vous je penſe,
Que l'on médiſe de mes Vers;
Mais non pas du cœur, ni de l'air
De Jean Devair, de Jean Devair,
De Jean Devair en France.

BONS vieux amis êtoient bien chers
Dans ce tems d'innocence;
Bons vieux Vins vous étoient offerts;
On les buvoit, en chantant l'air
De Jean Devair, de Jean Devair,
De Jean Devair en France.

ON buvoit ſur-tout au deſſert,
(Car j'en ai ſouvenance)
A ce qu'on avoit de plus cher.
Suivons cet uſage, ſur l'air
De Jean Devair, de Jean Devair,
De Jean Devair en France!

X.

CHANSON POUR LA MÊME FÊTE. (a)

Sur l'Air - Du Vaudeville des Fêtes du Cours.

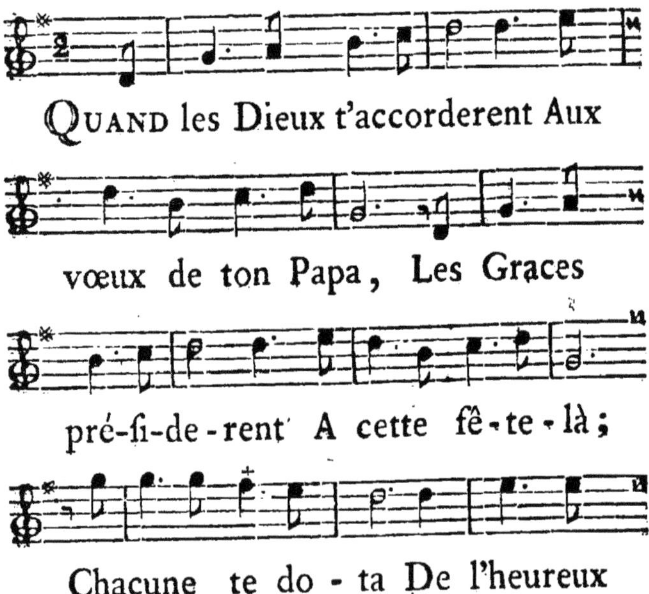

(a) Impromptu fait à table, ſur les plaintes qu'une jeune Enfant fit à l'Auteur, d'avoir été oubliée dans différens portraits que l'on avoit faits des Dames de la Fête.

don de plai-re, Et pour ré-
-ussir à ce-la, En toi Cha-
cu-ne raf-sem-bla Tous les traits
de ta Me-re.

X I.

PASTORALE.

PARODIE

Sur un Air *du Prologue du Carnaval du Parnasse.*

LUI plaire, toujours lui plaire,
C'eſt l'objet de mes vœux,
Lui plaire, toujours lui plaire,
C'eſt vivre dans les Cieux.

Elle dit de moi,
(Et ce qu'elle dit est sincere,)
Elle dit de moi,
Ce que je dis quand je la voi.
» Lui plaire, toujours lui plaire,
» C'est l'objet de mes vœux;
» Lui plaire, toujours lui plaire,
» C'est vivre dans les Cieux.

XII.

LES PIGEONS.

CHANSON,

Sur l'Air – Où s'en vont ces gais Bergers?

Cette Chanſon fut faite à l'occaſion d'une Boëte donnée pour Etrenne, par une Sœur à ſon Frere. Les différens tableaux de cette Boëte repréſentoient la Fable des Pigeons de la Fontaine.

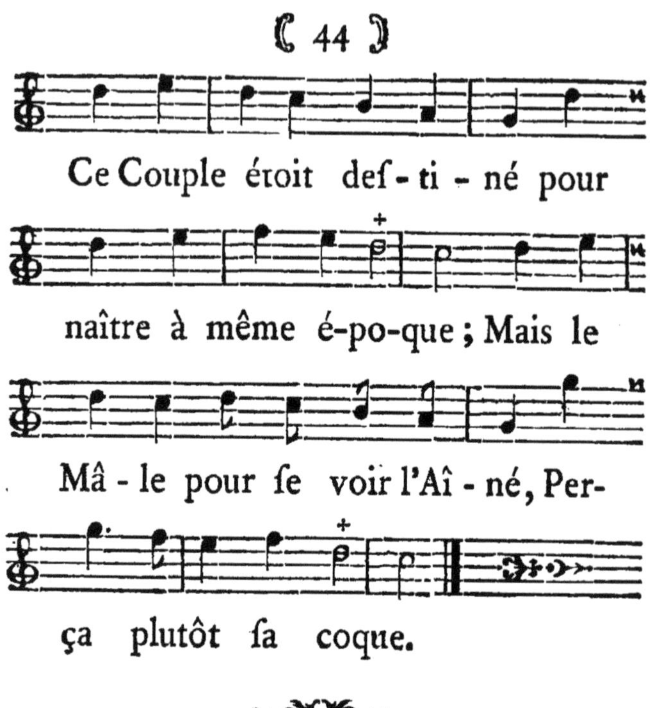

LA Sœur donc attend l'inftant
De rejoindre fon Frere ;
Comme Elle, fon Frere attend
Sa compagne fi chere ;
Bientôt l'œuf eft à fon point,
La Sœur voit la lumiere ;
Et chérit l'inftant qui les rejoint
Dans la même voliere.

POUR nourrir, dans ſes Enfans,
Cette amitié marquée,
Entr'eux leur Pere en tout tems
Partageoit la becquée;
Sous chaque aîle en tenoit un;
Dans ſa tendreſſe extrême!
La chaleur qu'il donnoit à Chacun
Le réchauffoit Lui-même.

TOUS deux à prendre l'eſſor
Sont formés par leur Pere;
Bon exemple inſtruit d'abord;
L'Aîné ſuit & proſpere;
Sa Sœur, plus lente en ſon vol,
Le voit s'éloigner d'Elle;
Il la joint, & dans un même ſol
La porte d'un coup d'aîle.

La Nature aime l'accord,
Et tout l'annonce en Elle ;
Mes Pigeons en ſont encor
Une image fidelle ;
Ils nous prouvent, par l'excès
De leur tendreſſe pure,
Que le Cœur goûte mieux les ſuccès
Qu'il doit à la Nature.

J'AI tracé d'un doux accord
Une eſquiſſe imparfaite,
Comparez ſes biens au ſort
Des Pigeons de ma Boëte !
L'un s'eſt à peine abſenté,
Que le malheur l'accable ;
Nos cœurs aiment trop la Vérité
Pour imiter la Fable.

XIII.

COUPLET

Sur l'Air des Echos

OU

Ton petit Minois sans défaut.

Ce Couplet fût chanté à S. A. S. Monseigneur le Duc d'Orléans après la Représentation de la Partie de Chasse de Henri IV.

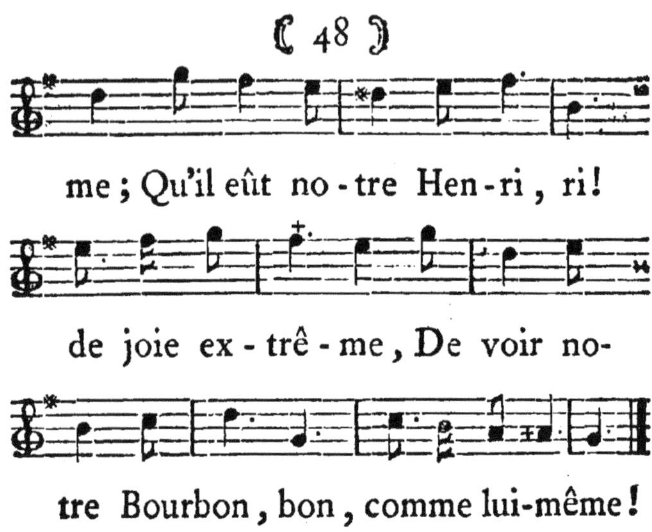
me ; Qu'il eût no - tre Hen - ri , ri !
de joie ex - trê - me , De voir notre Bourbon , bon , comme lui-même !

XIV.

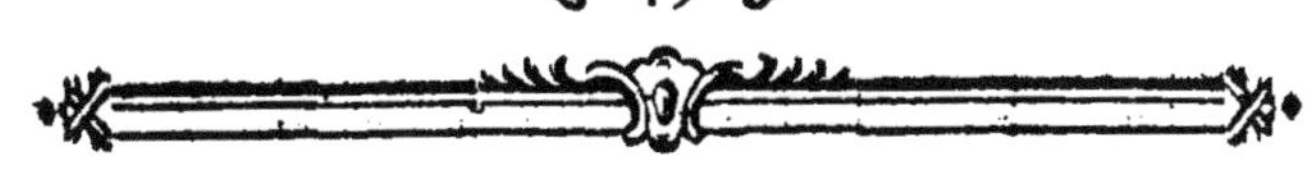

XIV.

LES PÉNATES

BIEN CHOISIS. (*a*)

SUR UN AIR DE M. L***

JADIS tant de Hé-ros fa-meux

Dont Rome fut la Me - re,

Dans leurs Pa-lais plaçoient près d'eux

Quelque Dieu Tu-té-lai-re;

(*a*) Cette Chanſon fut faite pour M. L. D. qui avoit ſous ſes yeux le portrait du Roi.

LOIN de Lui, ſi, quelques inſtans,
Le Devoir vous engage,
Pour tromper la rigueur du Tems
Vous verrez ſon image; (b)

(a) Montrant le Portrait du Roi.

(b) Montrant le même Portrait.

Entouré des Témoins heureux (*c*)
De votre joie extrême,
Vous ne pourrez lever les yeux
Sans trouver qui vous aime.

Il est un Art ingénieux (*d*)
Dont le succès vous flatte,
De tout événement heureux
Il conserve la datte;
Ce jour consacre son ardeur,
Ses succès sont les nôtres;
Si l'Art peut graver dans un Cœur
Le plaisir de tant d'Autres.

(*c*) Montrant les Amis rassemblés chez lui.

(*d*) Ce Couplet fut fait pour lui présenter son Portrait gravé par une personne de la société, & celui d'après pour amener la distribution de cette gravure que chacun alors reçut de sa main.

VOICI l'Offrande que sa main
Pour ce jour tenoit prête,
L'Amour a conduit le Burin
Qui lui sert d'Interprête;
Si vous voulez remplir son but,
Songez à qui vous aime,
De l'Amour voici le tribut,
Qu'il retourne à lui-même.

X V.

BOUQUET
D'UN CHASSEUR
A UN PRINCE,

Dont la Fête arrivoit à peu près dans le tems qu'il ouvroit ſes Chaſſes. (a)

SUR UN AIR DE M. L***

DES ſaiſons qui flattent nos vœux

C'eſt l'Eté qu'i - ci l'on pré-fé - re ;

(*a*) Ces Couplets furent placés dans un divertiſſement de Chaſſeurs.

Le jour qui nous la rend ſi chere,
Eſt ce-lui qui luit à nos yeux;
Le Mois qui marque votre fê-te,
Marque le tems de nos plai-ſirs;
La Chaſſe y flat-te nos de-ſirs;
Ils ſont comblés quand on vous fête.

QUAND la Paix suspend les travaux
Des enfans chéris de Bellone,
Dans les champs ou Palès moissonne
Ils vont assurer le repos;
Palès, dormez en assurance,
Bravez les Monstres des forêts.
Nos Guerriers n'ont gardé des traits
Que pour protéger l'abondance.

DES feux qui brûlent les Chasseurs,
De la fatigue qui les presse,
Le doux plaisir qui suit l'adresse,
Dérobe à leurs yeux les rigueurs:
Pour Eux la soif renaît sans cesse,
Brûlante image du desir
Qu'à leurs vœux offre le Plaisir,
Dieu quand il nous mene à l'ivresse.

Mais il eſt un feu plus ardent
Qui ne s'éteint que pour renaître,
Soif que chaque jour ſemble accroître,
Qu'on ne ſatisfait qu'un inſtant;
Comment vous en peindre l'image!
C'eſt l'ardeur qui brûle des cœurs,
Dont rien n'altere les ardeurs,
Quand vous recevez leur hommage.

X V I.

LES DIEUX

EN BONNE HUMEUR,

*Sur l'*Air - *Pan, pan, pan, la poudre prend.* *

PALÈS dans ſon Aſi-le heu-reux

Reçut le plus ché-ri des Dieux;

Graces & Plaiſirs s'y trou-ve-rent;

---

* Cette Chanſon fut faite pour annoncer un Feu d'artifice qui terminoit une petite fête donnée à S. A. R. Monſeigneur le Prince Charles de Lorraine, & ſur ce refrain *Pan, pan, pan*, il partoit trois Boëtes, ce qui ſe répétoit à chaque Couplet.

Sçachez ce qui fit qu'ils chanterent :

» Pan, pan, pan, la pou-dre prend;

» Tout est en feu dans un instant.

Tous d'accord, pour Divinité
Entr'eux choisirent la Gaité ;
La Gaîté bannit la (*a*) Critique,
Car au premier bon mot qui pique,
Pan, pan, pan,
La poudre prend;
Tout est en feu dans un instant.

(*a*) Consolation pour l'amour-propre de l'Auteur.

COMUS ſe chargea du (*b*) feſtin;
Et Bacchus ſe chargea du vin;
Le Plaiſir ſe chargea des têtes,
Et quand il anime des fêtes;
Pan, pan, pan,
La poudre prend;
Tout eſt en feu dans un inſtant.

VULCAIN, (*c*) fait pour venger les Dieux,
Dans l'ardeur de ſervir les jeux,
Sent mieux le prix de ſa puiſſance;
Pour annoncer la bienfaiſance,
Pan, pan, pan,
La poudre prend;
Tout eſt en feu dans un inſtant.

(*b*) Annonce du ſouper.

(*c*) Couplet pour le Général de l'Artillerie.

En verſant le nectar aux Dieux,
Hébé (*d*) s'écrioit avec eux :
» Ce jour excuſe notre ivreſſe,
» Voyez ; juſques chez la jeuneſſe,
» Pan, pan, pan,
» La poudre prend ;
» Tout eſt en feu dans un inſtant.

Dans la fête, ce fut l'Amour
Qui remplaça l'Aſtre du jour (*e*)
Ses feux éclairoient mieux les Belles
Chacun diſoit (les yeux ſur Elles :)
» Pan, pan, pan,
» La poudre prend ;
» Tout eſt en feu dans un inſtant.

(*d*) Couplet pour Mademoiſelle de C * * *

(*e*) Annonce de l'Illumination.

CONTENT de voir briller ſes feux,
Dans tous les cœurs, dans tous les yeux;
L'Amour part; & l'Air qu'il enflâme (*f*)
Fait voir les traces de ſa flâme.
» Pan, pan, pan,
» La poudre prend;
» Tout eſt en feu dans un inſtant.

(*f*) Annonce de la premiere fuſée volante, & du feu d'artifice.

XVII.

CHANSON

POUR UN CONVALESCENT. (a)

Sur l'Air - Des Fraises.

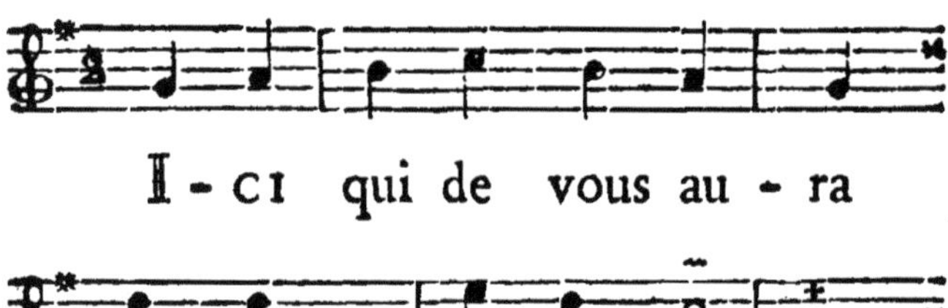

I - ci qui de vous au - ra

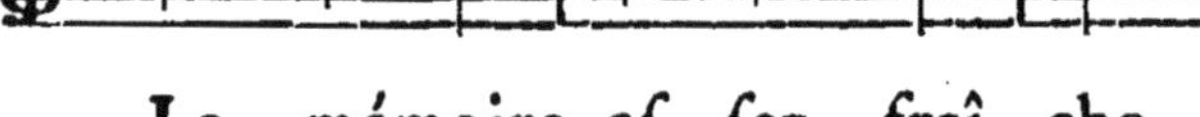

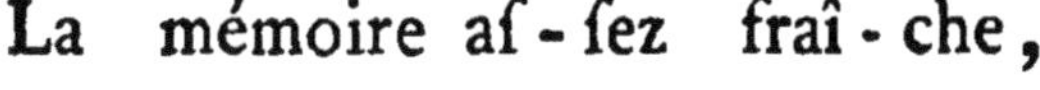

La mémoire as - sez fraî - che,

Pour compter combien il a

(*a*) Ce qui donna lieu à ces Couplets, fut le reproche que l'on faisoit à M. le Mis. de la V***. Convalescent, de ne parler que pour dire, *des pêches*, dont il avoit obtenu la permission de manger.

» Dit de fois » Vois comme il va?

» Dé-pê-che, dé-pê-che, dépêche!

Si je r'ouvre en plus d'un cœur
Une plaie encore fraîche,
C'eſt pour parler d'un Docteur,
Que vers vous, notre bonheur
Dépêche, dépêche, dépêche.

Quel poids nous preſſoit le cœur!
Quand un mal ſi revêche
Faiſoit dire à la douleur: (b)
» Vois donc ſi c'eſt le Docteur!
» Dépêche, dépêche, dépêche!

(b) Montrant la femme du Malade.

Le moment où l'on ſe vit
Moins ſombre, moins revêche,
C'eſt au ſaut que Chartier (c) fit
En entendant : » il *agit.*
» Dépêche, dépêche, dépêche !

Il ſautoit comme un lapin,
Qui court à l'herbe fraîche,
Quand vous dîtes ſans chagrin :
» Saute vîte ! il eſt tout plein,
» Dépêche, dépêche, dépêche !

Quel jour quand on vous permît
De manger figue ou pêche !
Qu'avec plaiſir on ſe dît :
» Mais comme ſon appetit.
» Dépêche, dépêche, dépêche !

(c) Valet de chambre du Malade, qui ſauta de joie au moment où les remédes agirent, & où le Malade l'en convainquit.

ABRÉGEONS, car aujourd'hui
Quelqu'un qui souvent prêche,
M'a dit d'apprendre de lui,
» Qu'Orateur qui craint l'ennui,
» Dépêche, dépêche, dépêche.

XVIII.

AUTRE

POUR LA CONVALESCENCE

ET L'ANNIVERSAIRE DU MÊME. (*a*)

*Sur l'*Air - *Dirai-je mon Confiteor.*

POUR plus d'un cœur qu'il a d'attraits,

Le *neuf* du mois qui vous vit naître !

(*a*) Ces Couplets lui furent envoyés par la petite Poſte & portoient pour titre : » Couplets tout *neufs* d'un » Auteur, » dont les ſentimens ne paroîtront pas *neufs* : » ſur une convaleſcence toute *neuve*, d'un Malade dont » l'appétit paroît toujours *neuf*, & dont l'anniverſaire eſt » le *neuf* de ce mois.

Quand on ſon-ge qu'il eſt ſi près

De celui qui nous fit re-naître ;

Heureux, dit-on, le nombre *neuf*,

Qui nous fait un plaiſir tout *neuf* !

A l'Amour comme à l'Amitié
Tous nos cœurs ont fait des *neuvaines* ;
Ces Dieux nous ont pris en pitié,
Leurs ſoins ont diſſipé nos peines ;
De ce mois ils guettoient le *neuf*,
Pour nous faire un plaiſir tout *neuf*.

LA tendre Moitié, dont le cœur
Prouve ſi bien qu'il vous adore,
Ici, quel que ſoit ſon bonheur,
S'en prépare un plus doux encore.
Que trois mois (*b*) en complétent *neuf!*
Vous aurez un plaiſir tout *neuf.*

ON ne vous laiſſe pas choiſir
Dans les mets qu'on vous ſert à table;
Il faut ménager le plaiſir
Si l'on veut le rendre durable;
Quand on vous permettra du bœuf, (*c*)
Vous aurez un plaiſir tout *neuf.*

QUAND la ſanté vous permettra
D'unir l'exercice à l'adreſſe,

(*b*) La femme du malade étoit enceinte.

(*c*) C'étoit tout ce que le Convaleſcent deſiroit obtenir de ſon Médecin.

A la chaſſe, ah, comme on ira !
Mais n'allez pas compter par piéce ;
Croyez-moi, bornez-vous à *neuf*,
Pour avoir un plaiſir tout *neuf*.

NE regardez pas mes couplets
Comme les figues (*d*) qu'on vous donne,
Pour ſuffire aux vœux que je fais
Ma Muſe n'eſt pas aſſez bonne ;
Je tremble en ſongeant qu'un corps *neuf*
En voudroit plutôt dix que *neuf*.

(*d*) C'étoit la ſeule choſe dont on permettoit de manger au Malade, qui excédoit ſouvent le nombre qui lui étoit permis.

X I X.

L'AMOUREUX DE VILLAGE.

PARODIE

SUR UN TAMBOURIN DE MÉDÉE ET JASON.

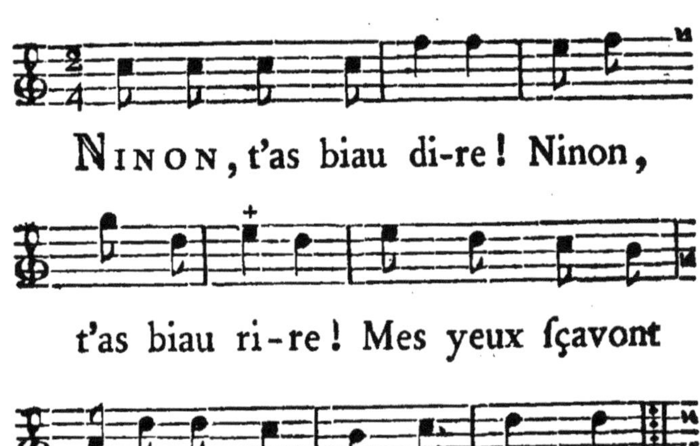

li-re Ce qu'eſt dans les tiens; Tiens?

Vois ſi je de-vi-ne, Quand tu

TIENS, ces Demoiselles
Avec leux Dentelles,
Paroissont moins belles
Que tu n'es pour moi,
Toi :

Tiens, ces Demoiſelles,
Avec leux dentelles,
Paroiſſont moins belles
Que tu n'es pour moi,
Toi;
C'eſt à leux parure,
Mieux qu'à leux figure,
Que toutes devont
L'éclat qu'elles avont;
Mais tes habits,
Sans toi ſont ſans prix;
Ninon eſt toujours,
Plus belle que ſes atours.

XX.

CHANSON,*

Sur l'Air - Fille qui voyage en France -

OU

Et j'estime mieux le tien qu'une couronne.

AI-SÉMENT l'on peut connoître

Quelle est pour nous la dou-ceur,

De re - ce-voir un bon Maître,

---

* Cette Chanson fut faite par l'Auteur quelques mois après son mariage, & chantée à table à S. A. S. Monseigneur le Comte de Clermont, qui lui fit l'honneur de venir diner chez lui.

Qui dé - po - ſe ſa grandeur Dans

un mé-na-ge, Dont les biens, &

le bonheur Sont ſon ou-vra-ge.

UN Berger, dans ſa chaumiere,
(Si l'on croit l'Antiquité)
Reçut le Dieu du tonnerre:
J'en avois toujours douté;
Mais cette table,
Nous fait voir la vérité,
Dans une fable.

CE Berger bâtit un Temple
Pour conſacrer ſon bonheur;
Temple qui nous ſert d'exemple,
Et faire dire à notre cœur,

Comme a bien d'autres, (*a*)
» Vous en trouvez, Monſeigneur,
» Dans tous les nôtres.

Couplet fait à table, ſur ce qu'il échappa à S. A. S. de dire : » *Ils ont raiſon de m'aimer, car je les aime.*

On eſt, dans un rang ſuprême,
Las de reſpects, de grandeur;
Les Dieux aiment qu'on les aime.
Combien, pour vous, notre ardeur
Doit être extrême,
Quand l'exemple, Monſeigneur,
Vient de vous même !

(*a*) Montrant Ceux de la ſociété de S. A. S. qui l'avoient accompagnée.

XXI.

LES QUINZE JOIES DE BERNY,

OU

RECUEIL D'ORAISONS,

A L'USAGE

DE LA MAISON DE S. A. S.

MONSEIGNEUR

LE COMTE DE CLERMONT. (*a*)

ORAISON DES CONVIVES

De Fresnes (b), *servant de Préface aux autres.*

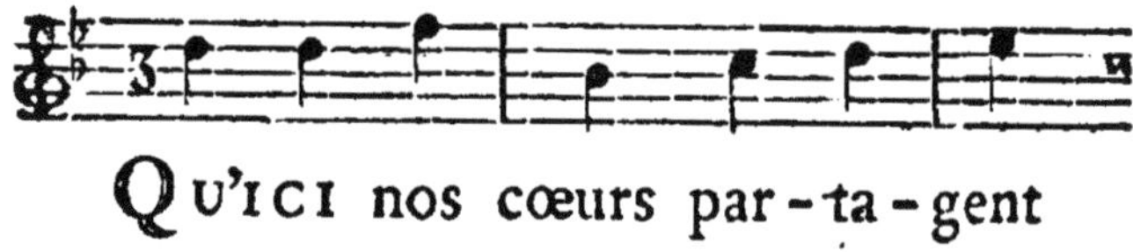

(*a*) Cette Chanson faite pour célébrer la Convalescence de feu Monseigneur le Comte de Clermont, après une attaque de goutte très-vive, termina une fête que lui donnoit toute sa Maison, qui répétoit en chœur le refrein de chaque couplet.

(*b*) Petit Village dépendant de la Seigneurie de Berny.

l'allé-greſſe, Ainſi qu'ils ont parta-
- gé le cha - grin ! Qu'en cé - lé-
- brant ces vrais momens d'ivreſ - ſe,
Nos vœux unis n'adoptent qu'un Re-
Refrein.
- frein ! C'eſt la Pri - e-re D'un cœur ſin-
- ce - re ! C'eſt l'Oraiſon De tou-
- te la Mai - ſon !

Oraiſon de l'Aumonier.

COMME Aumonier, au Dieu des deſtinées,
J'ai préſenté notre encens & nos vœux;
Pour prolonger le cours de vos années;
J'ai dit cent fois, en m'adreſſant aux Cieux.
» C'eſt la Priere
» D'un cœur ſincere!
» C'eſt l'Oraiſon
» De toute la Maiſon!

Oraiſons des grands Officiers & Gentilshommes qui l'ont veillé.

QUE ſur vos nuits le Dieu des ſonges veille
Sans emprunter des nôtres le ſecours!
Qu'un zele ardent, que chaque inſtant réveille,
Au lieu de nuits vous conſacre nos jours!
» C'eſt la Priere
» D'un cœur ſincere!
» C'eſt l'Oraiſon
» De toute la Maiſon!

Oraiſon des Secretaires.

NE donnez plus à chaque Secretaire
Le triſte emploi d'écrire un Bulletin!
Mais que les vers qui ſont faits pous vous plaire,
Dans tous les cœurs ſoient inſcrits de leur main!
» C'eſt la Priere
» D'un cœur ſincere!
» C'eſt l'Oraiſon
» De toute la Maiſon!

Oraiſons des Officiers de la Bouche.

AU Contrôleur ne donnez plus le Rôle
Que doit jouer ici votre Echanſon,
Qui ſouffre trop d'écrire ſur ſon Rôle
Au lieu de vin, ptiſanne pour boiſſon!
» C'eſt la Priere
» D'un cœur ſincere!
» C'eſt l'Oraiſon
» De toute la Maiſon!

Oraiſons des Chefs de Fourieré.

A chaque Saint, s'il faut une chandelle,
Offrons chacun la notre à la Santé!
Sans fournir d'huile à la lampe du Zéle,
Qu'en ces lieux tout en prouve la clarté!
» C'eſt la Priere
» D'un cœur ſincere!
» C'eſt l'Oraiſon
» De toute la Maiſon!

Oraiſon de la Faculté.

QUE, délivré d'allarmes trop réelles,
Vous n'appelliez Chirurgien, Médecin,
Que pour parler à Dufouard de nouvelles,
Ou plaiſanter Broſſelard & Ninnin!
» C'eſt la Priere
» D'un cœur ſincere!
» C'eſt l'Oraiſon
» De toute la Maiſon!

Oraiſon

Oraiſon du Docteur Bouvard.

QUE chacun d'eux, accablé par la crainte,
D'un ſiécle, & plus, n'ait recours à Bouvard,
Pour ranimer leur ame, preſque éteinte,
Par la douleur qui cherche à troubler l'Art!
» C'eſt la Priere,
» D'un cœur ſincere!
» C'eſt l'Oraiſon
» De toute la Maiſon!

Oraiſon des Officiers & Gardes-Chaſſes.

PUISQUE la Chaſſe a ſur lui fait merveilles,
Que notre ardeur ſeconde ſes deſirs!
Sur ſa ſanté quand chacun de vous veille,
Qu'ici nos yeux veillent ſur ſes plaiſirs!
» C'eſt la Priere
» D'un cœur ſincere!
» C'eſt l'Oraiſon
» De toute la Maiſon!

Oraison des Officiers, & Gens d'Ecurie.

Que dans ces lieux l'ardeur qui nous transporte,
Au grand galop ramene la Gaîté !
Que dans ses yeux chacun de nous la porte !
Que sa présence y fixe la santé !
» C'est la Priere
» D'un cœur sincere !
» C'est l'Oraison
» De toute la Maison !

Oraison des Valets-de-pied, Heyducs, Porteurs, &c.

Qu'a vous servir on trouve des amorces !
Qu'à le prouver on ait les mêmes droits !
Mais laissez-nous bien réparer nos forces,
Qu'usoient vos maux, dont nous sentions le poids
» C'est la Priere
» D'un cœur sincere !
» C'est l'Oraison
» De toute la Maison !

Oraiſon des Suiſſes & Portiers.

QUE de long-tems le Suiſſe de ſa Porte
Ne ſoit forcé d'ouvrir au Médecin !
Et de ces lieux que le Plaiſir ne ſorte,
Que quand nos jeux tireront à leur fin !
» C'eſt la Priere
» D'un cœur ſincere !
» C'eſt l'Oraiſon
» De toute la Maiſon !

Oraiſon des Valets-de-Chambre.

QUE de cent ans des ſerviteurs ſinceres,
Eux, qui voyoient de plus près vos douleurs,
N'uſent du droit de voir cent Emiſſaires,
Cherchant l'eſpoir, voir vos maux dans leurs pleurs !
» C'eſt la Priere
» D'un cœur ſincere !
» C'eſt l'Oraiſon
» De toute la Maiſon !

Oraiſon de l'Auteur.

PRIONS le Dieu qui fait trouver la Rime,
Quand il voudra d'un attrait plus flatteur
Faire briller l'ardeur qui nous anime,
Qu'il donne, au moins, plus de tems à l'Auteur!
» C'eſt la Priere
» D'un cœur ſincere!
» C'eſt l'Oraiſon
» De toute la Maiſon!

Oraiſon ſur les Errata.

A mes regards ſi quelque objet échappe
N'en accuſez ni le cœur ni l'eſprit!
Sur tous nos vœux le même intérêt frappe,
Et l'on croit tout réunir quand on dit:

(a) Le Prince étant parti pour Berny huit jours plutôt qu'il n'avoit dit, obligea par ce moyen d'avancer le tems de la Fête, qui fut projettée & exécutée du jour au lendemain.

» C'eſt la Priere
» D'un cœur ſincere!
» C'eſt l'Oraiſon
» De toute la Maiſon!

XXII.

REPROCHES

DES HABITANS DE FRESNES

A L'AUTEUR DES ORAISONS,

Sur ce qu'il les a oubliés dans ſes Couplets. (a)

APPRENEZ des gens de Vil-la-ge

Meſſieux l'sHabitans du Chà-tiau,

Qu'il ne faut plus parler d'o-ra-ge

(*a*) Cette Chanſon fut chantée à S. A. S. Monſeigneur le Comte de Clermont à la ſuite de la premiere, par un Payſan de Freſne.

Drès que le tems s'eſt mis au biau ;

J'ons tous eu peur, j'ons pris cou-

-rage, Ç'qui nous raſſuroit (*b*) le ſauva ;

Morgué le v'la, morgué le v'là ! (*c*)

TOUS les ans les Dieux font renaître
Les fleurs qui ſéduiſont nos yeux ;
Que ne rajeuniſſont-ils l'Etre
D'un Mortel qui fait tant d'heureux !
Ça f'roit plaiſir au Roi, not' Maître,
Qui dira drès qu'il le verra :
» Morgué le v'la ! (*bis.*)

(*b*) Montrant ſon cœur, pour déſigner le courage,

(*c*) Montrant le Prince.

AIMÉ par tout, & fait pour l'être,
Par tout, ainſi qu'il l'eſt cheux nous,
Vous nous diſputerez peut-être
L'plaiſir de l'aimer autant qu'vous;
On l'aime en Per' plutôt qu'en Maître;
Not' bon Curé vous le dira.
» Morgué le v'la! (*d*) (*bis.*)

J'ONS les premiers ſonné c'te fête,
La grand' cloche a ſonné pour ça;
Pour en cas de c'te Chanſonnette
C'eſt l'Amour qui nous la dreſſa.
J'l'entens qui m'dit: faut qu'on répéte
Avec tout l'plaiſir qu'ça fait-là. (*e*)
Morgué le v'la! (*bis.*)

(*d*) Montrant le Curé.

(*e*) Montrant ſon cœur.

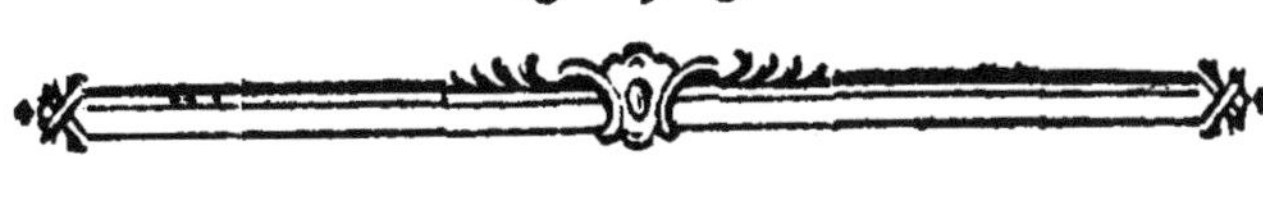

XXIII.

LES RENCONTRES.

DUO.

Sur l'Air - *Qu'il eſt doux d'aller ſous l'Ormeau.*

ESSAYONS, chantons à nous deux

Tout eſt d'accord en ces lieux;

Ce Duo fut chanté par deux jeunes Dames à M. le D*** le jour de ſa fête.

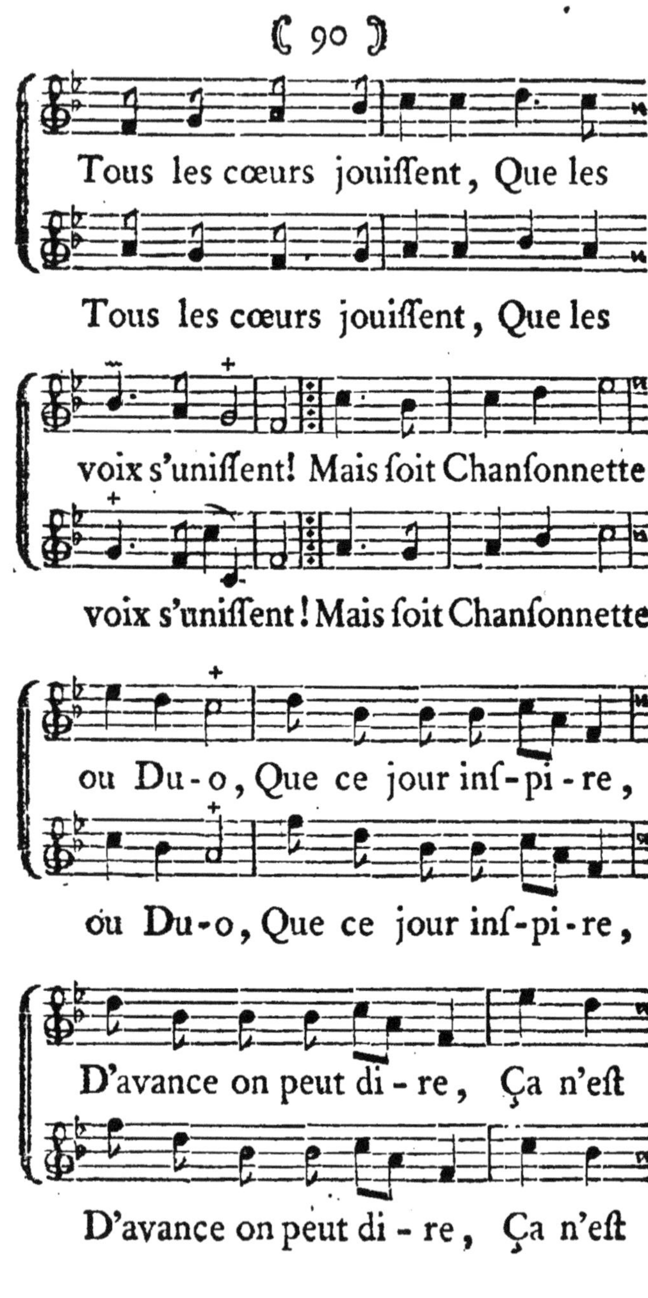
Tous les cœurs jouiſſent, Que les
Tous les cœurs jouiſſent, Que les
voix s'uniſſent! Mais ſoit Chanſonnette
voix s'uniſſent! Mais ſoit Chanſonnette
ou Du-o, Que ce jour inſ-pi-re,
ou Du-o, Que ce jour inſ-pi-re,
D'avance on peut di-re, Ça n'eſt
D'avance on peut di-re, Ça n'eſt

CE matin nous cherchions des fleurs,
Même objet guidoit nos Cœurs!
Et vous ſçavez comme
Cet objet ſe nomme;
Voir pour le bouquet le plus beau,
L'Amour & le Zéle
Sans ceſſe en querelle!
Ça n'eſt pas nouveau. (*bis*)

NOUS trouvons aux mêmes boſquets
Ou nous cueillons nos bouquets,
Autre Cœur qui guette
Quelque Chanſonnette;
Vous voyez d'ici ce tableau,
Cœurs qui ſe rencontrent!
Qui pour vous ſe montrent!
Ça n'eſt pas nouveau. (*bis*)

Toutes deux nous étions tout près,
Notre chercheur de couplets.
Il diſoit : » Que faire !
» Eh, comment lui plaire !
» J'ai manqué vingt fois ce tableau,
» En traçant l'hommage,
» J'affoiblis l'image.
» Ça n'eſt pas nouveau. (*bis*)

Nous avons dit à ce trembleur :
» Apprends donc que Monſeigneur
» Jamais n'intimide,
» L'ardeur qui nous guide ;
» Mais quelques traits, qu'en ſon tableau,
» Ton pinceau raſſemble !
» Manquer quand on tremble !
a Ça n'eſt pas nouveau. (*bis*)

Eh, que peut inventer l'eſprit!
Que déja le cœur n'ait dit,
Le jour peut renaître,
L'ardeur ne peut croître;
Si vos yeux ont vû ce tableau,
Voir quand on répéte
Gaîté plus complette,
Ça n'eſt pas nouveau. (*bis.*)

XXIV.

CHANSON

FAITE A CHANTILLY,

ET CHANTÉE

AU RETOUR D'UNE CHASSE DE S. HUBERT, OU L'AUTEUR S'ÉTOIT TROUVÉ. (*a*)

*Sur l'*Air – *Pourquoi rompre leur Mariage, méchants Parents.*

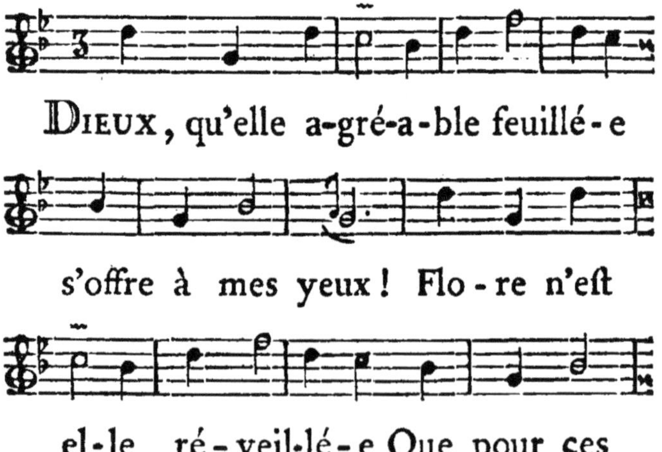

(*a*) On avoit conſtruit une ſalle de fleurs & de verdure à un Rendez-vous de la Forêt nommé *la Table*.

Mais pourquoi toujours dans la Fable
Chercher ses traits ?
La Chasse guide un Prince aimable
Dans ces forêts ;
Si vous voyez sa joie extrême,
C'est qu'aujourd'hui
Ses Enfans, & ce qui les aime
Sont avec lui.

Jeune Chasseur, (*b*) qu'on prend sans peine
Pour Adonis,
(Pardon ! La Fable encor m'entraîne ;)
Nommons son fils ;
On connoît en jugeant son âge,
Et ses désirs,
Que de la Guerre il suit l'image
Dans ses plaisirs.

Jeunes Beautés, (*c*) dont la présence
Plaît aux Chasseurs,
Vous animez l'impatience
Dans tous les cœurs ;
On lance, on suit ; le Cerf qu'on presse
Eprouve bien
Que pour vous échapper, l'adresse
Ne sert de rien.

(*b*) Monseigneur le Duc de Bourbon.

(*c*) Aux Dames.

J'AI vu deux fois (*d*) ſonner victoire ;
Et Lon offroit
Le gage heureux de votre gloire
Au même Objet ; (*e*)
Le Plaiſir, dont Elle eſt l'image,
Diſoit pour Vous,
Que les ſuccès qu'Elle partage
Sont les plus doux.

(*d*) On prit deux Cerfs.

(*e*) On en préſenta le pied à Madame la Ducheſſe de Bourbon.

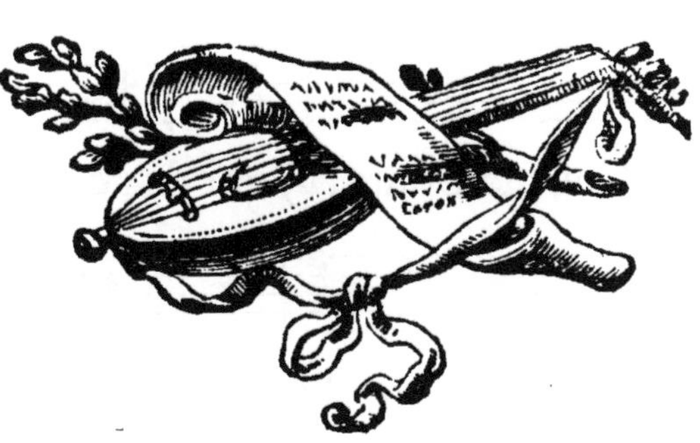

XXV.

LE DÉGUISEMENT *INUTILE.* (*a*)

Sur l'Air – du Vaudeville du Déguiſement Paſtoral.

ON dit que la Grandeur s'attache

A ſe dé - gui-ſer en ces lieux ;

En Vous la Bonté (*b*) qui la ca - che

Eſt ſon maſque le plus heureux :

(*a*) Cette Chanſon fut chantée à un petit bal donné par Madame Hénin, & dans lequel Madame la Ducheſſe de Bourbon arriva maſquée.

(*b*) A Madame la Ducheſſe de Bourbon.

Mais on reconnoît ce qu'on aime,

Souvent ſans le ſecours des yeux;

Le cœur le démaſque lui-mê-me.

VOTRE préſence enchantereſſe,
Amène en ces lieux le Plaiſir;
Vous rajeuniſſez la Vieilleſſe, (c)
En l'animant à le ſaiſir;
A vos regards ſa joie extrême
Voudroit envain ſe traveſtir,
Le cœur la démaſque lui-même.

(c) Montrant Madame Hénin, femme très-âgée & très-gaie.

XXVI.

COUPLET

Sur l'Air – C'est-là ce qui m'étonne.

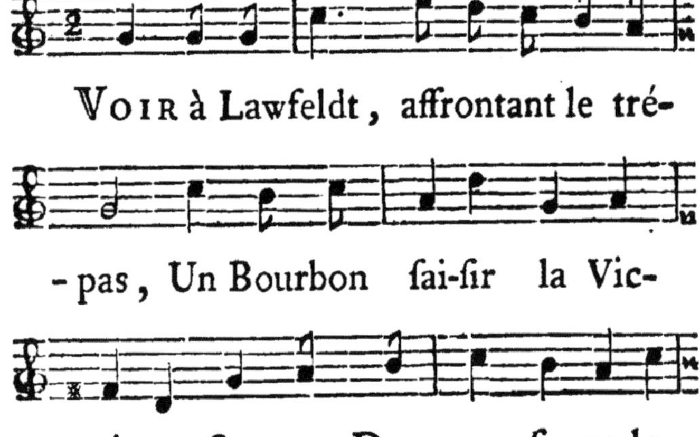

Gloire ! Ce-la ne me surprend pas ;

Ce Couplet fut fait à l'occasion de quelques Vers présentés à S. A. S. Monseigneur le Comte de Clermont, sur la Bataille de Lawfeldt, & relatif à l'embarras que lui causoient les éloges.

Voir ce Bourbon, (si fier devant Bel-
-lo-ne!) in-ti-mi-dé, dé-con-cer-
-té D'un simple E-lo-ge ré-pé-
-té Par la voix de la Vé-ri-té!
C'est-là ce qui m'é-ton-ne.

XXVII.

CHANSON *BACHIQUE* (a)

SUR UN AIR DE M. L***

FOLATRONS, rions ſans ceſ-ſe!

Que le Vin & la Ten-dreſ-ſe,

Rem-pliſ-ſent tous nos momens!

De mirthes parons nos tê-tes!

(*a*) Cette Chanſon fut demandée à l'Auteur pour être chantée à table dans la Comédie du Bourgeois Gentilhomme.

Et ne com-po-ſons nos fê - tes,

Que de Buveurs & d'Amans. .

QUAND je bois, l'ame ravie !
Je ne porte point d'envie
Aux tréſors du plus grand Roi ;
Souvent j'ai vu ſous la treille,
Que Thémire & ma Bouteille,
Etoient encor trop pour moi.

S'IL faut qu'à la ſombre rive
Tôt ou tard chacun arrive,
Vivons exempts de chagrin !
Et que la Parque inhumaine,
Au tombeau ne nous entraîne,
Qu'ivres d'Amour ou de Vin !

XXVIII.

LE MAY,

OU

JE VOUS PRENS SANS VERD. (a)

RONDE.

Sur l'Air – Oh ! May ! oh ! May ! que tu nous rens le cœur gai !

APRÈS ce mois verde-let La Na-

ture as-pi-re ; Le cœur comme un

(*a*) Cette Chanson chantée dans une Société dans laquelle on jouoit à *je vous prens sans verd*, fut faite à l'occasion de ce que le Maître de la Maison se trouva pris sans verd le jour de sa fête.

Oi-ſe-let re-naît & ſou-pi-re,

Oh, May! oh, May! que tu nous rens

le cœur gai!

TON retour annonce aux fleurs
Tout leur avantage;
Et le jour où tous nos cœurs
En font même uſage,
Oh, May!
Oh, May!
Que tu nous rens le cœur gai!

D'UN Objet qui nous eſt cher
Tu marques la fête;
Tu le fais prendre ſans verd
Tandis qu'on la fête;

Oh, May!
Oh, May!
Que tu nous rens le cœur gai!

Mais à quelle amende oser
L'impoſer ? je l'oſe ;
A celle de s'amuſer
Du plaiſir qu'il cauſe.
Oh, May!
Oh, May!
Que tu nous rens le cœur gai!

XXIX.

LE RETOUR DE CHASSE. (a)

*Sur l'*Air - *Ton petit Minois sans défaut.*

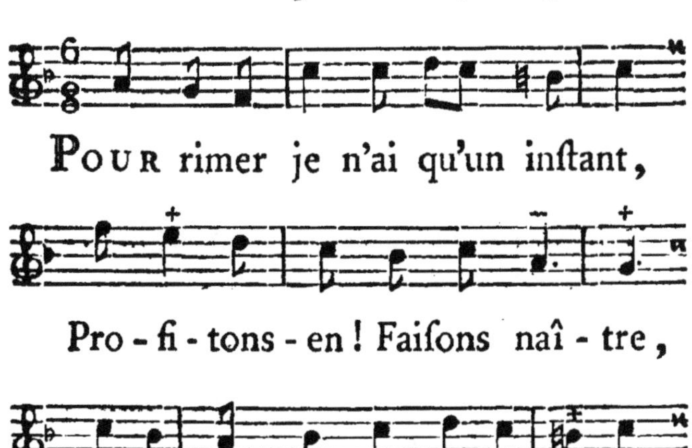

POUR rimer je n'ai qu'un instant,

Pro - fi - tons - en ! Faisons naî - tre,

en chanson, Couplet sans façon, Qui,

s'il n'est bon, Voudroit l'être! Nargue

(*a*) Ces couplets furent demandés à l'Auteur qui revenoit de la Chasse, pour être chantés au souper une demie heure après.

i - ci des Talens Lents ! Quand on veut

plai - re, Le plaisir qu'on y prend,

rend Prompt à tout fai - re.

Un Monseigneur, deux Monseigneurs,
Trois bons Seigneurs
Que rassemble
Dans ces lieux, l'ardeur du plaisir,
Jointe au desir
D'être ensemble,
Me verroient en souci,
Si
Ma veine, en faute,
Ici m'abandonnoit
Net,
Chez si bon hôte.

JE veux lui dire un mot de Moi,
J'ai bien de quoi :
Quelle gloire !
J'éprouve, en ce riant séjour,
Un nouveau jour
De Victoire ;
Certain gros Animal,
Mal
Conduit sans doute,
M'a donné le bon jour
Pour
Mourir en route. (*a*)

AMUSER un moment ou deux
Voilà les vœux
Où j'aspire ;
Je débite, à tort à travers,
De mauvais vers ;

(*b*) L'Auteur avoit tué un Sanglier, & c'étoit la seconde fois que cela lui étoit arrivé dans le même lieu.

J'en ſoupire !
Le Plaiſir rend les jours
Courts.
Moi qui chanſonne,
Je guette un trait piquant,
Quand
Le ſouper ſonne.

XXX.

ÉPITHALAME

DE M. LE MARQUIS DE M***

*Sul l'*Alr - *La Fable est-elle obscure ? lure lure lure.*

L'ŒIL croit revoir ces Nôces fortu-

né-es Où la Fé-rie e-xerçoit son pou-

voir ; De vrais Amis y remplacent les

(*a*) Ces Couplets chantés par l'Auteur à la Nôce de M. le Marquis de M***, servoient d'explication à différens tableaux de la Curiosité.

On appelle Curiosité une Boëte qui renferme différens tableaux que les Lanterniers sont en possession de montrer.

A tous les Dons que poſſédoit l'Epouſe
L'on ajoutoit toujours quelque agrément;
De tous ces Dons ne ſoyez point (*b*) jalouſe,
Vous tenez plus des ſoins d'une Maman;

(*b*) A la Mariée.

Jeune

Jeune Beauté, la Scene est-elle obscure ?
Lure, lure, lure,
Un bon cœur (*b*) vous l'éclaircira,
L'Amour l'expliquera.

Au lieu des vœux qu'on formoit dans les temples,
Pour les doux fruits d'un mariage heureux ;
Trois bons Parens (*c*) consacrent des exemples
Qui renaîtront dans leurs petits neveux ;
Tendres Epoux, la Scene est-elle obscure ?
Lure, lure, lure,
Votre cœur vous l'éclaircira,
L'Hymen l'expliquera.

(*b*) Montrant le Marié.

(*c*) Oncles du Marié ; dont l'un occupoit une des Places éminentes de l'Eglise, l'autre s'étoit distingué dans les Négociations, & le troisiéme dans le Militaire.

XXXI.

CONSULTATION

D'UN JEUNE DISCIPLE

D'EPICURE. (*a*)

*Sur l'*Air - *Vous qui du Vulgaire ſtupide.*

DISCIPLE a-gré-é d'E-pi-cu-re,

Je ſuis docteur de ſa fa - çon;

Mon Maitre purgea la Na-tu-re,

Des maux que lui fit la Rai-ſon;

(*a*) Ces Couplets furent chantés par Mademoiſelle de la Vaupaliere, habillée en Médécin, à la convaleſcence de ſon Papa.

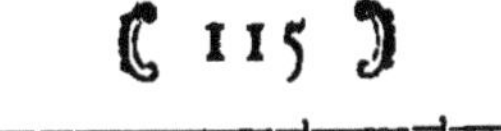

Je ne vous re - tra - ce la gloi-re

De cet heureux Con-ſo - la - teur,

Que pour prouver qu'on peut en croire

L'E-lè-ve qu'il a fait Docteur.

QUOIQUE jeune, je ſuis habile,
J'ai des remédes à choiſir;
Mais je ne connois à la bile
D'Antidote que le plaiſir;
Les Médecins n'ont rien à dire
Quand il prévaut ſur la douleur;
L'on eſt guéri quand on peut rire
De l'Ordonnance du Docteur.

Ennemi de tous vieux ſiſtêmes
Que l'uſage a mis en crédit,
Supprimez ptiſane, apozèmes
Dont le nom ſeul nous affadit;
Suppléez-y quelque razade
De Tokai pur (*b*), mais du meilleur!
Et nous verrons ſi le Malade
Dira du mal de ſon Docteur.

Au lieu des ſels dont la Chimie
Uſe pour mordre ſur l'humeur,
Uſez du ſel de la ſaillie
Plus ſûr, plus agréable au cœur;
Oui je veux qu'à la Comédie
Vous alliez, aimant ſon Auteur (*c*),
Digérer la plaiſanterie
Et du Malade & du Docteur.

(*b*) Que le Convaleſcent aimoit.

(*c*) Moliere, dont le Convaleſcent ſe faiſoit lire des Comédies, & entre autres celle du Malade imaginaire.

Docteur qui preſcrit l'exercice
Me verra penſer comme lui ;
Avant que le ſommeil ſaiſiſſe
Dérobez vos ſens à l'ennui ;
Pour le fuir, uſez de la chaſſe,
Sans y faire aſſaut de vigueur ;
Le Plaiſir fuit quand on le laſſe,
Croyez-en l'avis du Docteur.

Qu'a vos yeux jamais on ne trace
Le ſouvenir des maux paſſés,
Quelque doux tableau qu'on ſe faſſe
Des biens qui les ont remplacés !
Dans ces lieux plus d'objets d'allarmes,
Pour y ménager plus d'un cœur !
Tout ici verſeroit des larmes,
Amis, & Malade & Docteur.

Si l'Amitié (*d*) veilla ſans ceſſe
A conſerver votre ſanté,
Que votre cœur la reconnoiſſe
Aux traits d'un Doćteur (*e*) emprunté!
Heureux, ſi ſa Recette opere
Et ſur le corps & ſur le cœur!
Pour vous amuſer *comme un pere*,
C'eſt l'Amour qui m'a fait Doćteur.

(*d*) Montrant ſes Amis & Amies qui l'avoient veillé.

(*e*) Le petit Doćteur étoit une jeune Enfant, fille du Convaleſcent.

XXXII.

LE NEZ

AUQUEL ON CHERCHE UN NOM (*a*).

*Sur l'*Air - *Meſſieurs prêtez attention.*

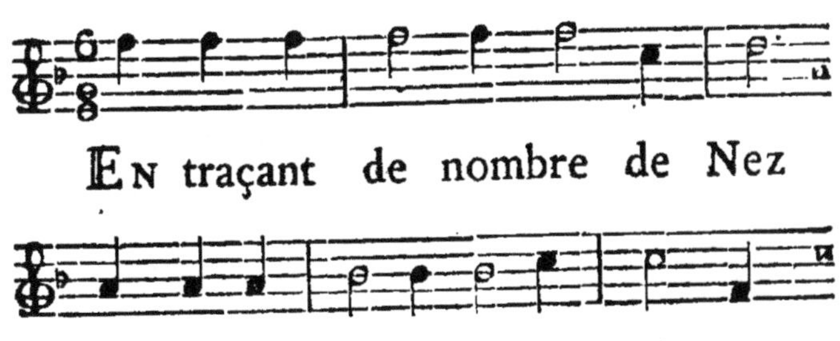

La juſ-te Gé-né-a-lo - gi - e,

Des noms que je leur ai donnés

(*a*) Ces Couplets, faits pour une jeune Dame qui avoit exigé une Epigramme qui déſignât à la fois le nom & le portrait de ſon Nez, furent chantés par l'Auteur, à la ſuite d'un tableau de Lanterne magique, dans lequel on faiſoit l'énumération de Nez de Magiciens & de Magiciennes.

J'ai vu ſai - ſir l'A-na-lo - gi - e ;
Mais le votre eſt rare, à tel point !
Que ſur cent Noms, je n'en vois point
Qui nous en rende l'E - ner - gi - e ;
Oui, pour le bien peindre il faudroit
Qu'avec les noms de la Ma-gi - e,
J'euſſe découvert ſon ſécret.

MAIS ſe refuſer à vos vœux
Vous paroîtroit choſe biſarre,
Votre Nez n'auroit à nos yeux
Jamais rien offert de plus rare ;
Je ne veux pas, comme un Sultan,
Traiter ce Nez en *Néreſtan ;*
Inſpiré par lui, j'aime à croire
Que l'eſſai me réuſſira,
Le Zèle peut, comme la Gloire,
Indiquer un *Nec plus ultra.*

SUR la Carte, j'ai vû tel nom
Qui m'a fait dire » j'y ſuis preſque.
» *Négrecourt* (*b*), *Négret* (*c*) ou *Négron* (*d*),
» Vont à des Nez à la Moreſque ;
Mais quand le vôtre nous fait voir
En blanc, tout ce qu'ils ont en noir,

(*b*) Village de Provence.

(*c*) Bourg de l'Angoumois.

(*d*) Village de la Touraine.

L'examen déja nous ramene
A fixer en vous la fraîcheur
D'une peau, dont deux arcs d'Ebène
Font mieux reſſortir la blancheur.

Mais exiger, ſur tel objet,
Quelque grain de plaiſanterie,
C'eſt annoncer dans votre fait
Quelque rien de coquetterie;
Dans l'aſſemblage d'un portrait,
Quand l'œil ne peut blâmer qu'un trait,
Le modele répond aux gloſes,
» Qu'un trait de ſingularité,
» Sert à mieux prouver que les choſes
» N'ont de prix que la Rareté.

Gros, mais trop court, ce Nez ſans pair
Sur lui jamais n'a donné priſe,
Le blâmer d'être trop ouvert
C'eſt blâmer l'air de la Franchiſe;

Ombre qui fait valoir les traits,
Il prête au Rire plus d'attraits;
Et s'il n'eſt pas Nez à lunettes,
Nature en vous a ménagé
Lumieres plus ſûres, plus nettes
Sous deux Gardiens noirs comme jais.

TOUJOURS à ſa place on la vû,
Il reſte au milieu du viſage,
Avec ſon air urluberlu
Sans peine il prête au badinage;
Dévôts quand vous vous obſtinez
La moutarde vous monte au Nez!
Ce gros jouflu, quand on le fronde,
A l'air de dire aux Ennuyeux:
» Cenſeurs auſteres! dans le monde
» Sachez que tout eſt pour le mieux.

XXXIII.

VŒUX
ET PRÉDICTIONS
DES FÉES, GÉNIES & ENCHANTEURS,

A L'OCCASION DE LA NAISSANCE DE S. A. S.

MONSEIGNEUR

LE DUC D'ENGUIEN,

Et leurs Dons au jeune Prince. (a)

LA FÉE SENSIBLE.

Air - *On ne peut aimer qu'une fois, quand on aime Colette.*

L'ENFANT est dé-ja de moitié

(a) Ces Couplets furent chantés à table à S. A. S. Madame la Duchesse de Bourbon, & terminerent une fête

---

que l'on lui donnoit à l'occasion de la naissance de M. le Duc d'Enguien. Tous les Convives étoient habillés en Fées, Génies & Enchanteurs, tout ce qui composoit le service, étoit en Géants, Nains & Magiciens, & autres suppôts de la Féerie ; le surtout du Dessert représentoit différens tableaux de la Fête ; les Jeux & les Plaisirs y veilloient autour d'un Berceau dans lequel étoit un Enfant qui représentoit le nouveau né, & les Fées & Génies se leverent pour le toucher de leur Baguette, & pour le douer de différens Dons, pris, pour la plûpart, du Caractere de la Mere.

Qu'au votre il ſe con - for - me,
Pour ju-ger nos vers ſur le fond
Bien plus que ſur la for - me!

XXXIV.

LA FÉE LUMINEUSE. (a)

Sur l'Air – Ah ! ah ! ah ! v'là tous nos bouquets.

Ah, ah, ah ! que nos vœux pour vous

Soient son pré-sa-ge le plus doux !

Dans des cœurs qui vous aiment

tous, Li-sez son par - ta - ge !

Qu'à vos yeux il soit auf - si

(a) Suite de la même Fête.

A Maman, qu'il puiſſe à ſon tour
Cet heureux gage
De l'Amour,
Rendre les tranſports dont ce jour
Vous offre l'image!
Et voir les Plaiſirs dans vos yeux
Animer nos vœux!

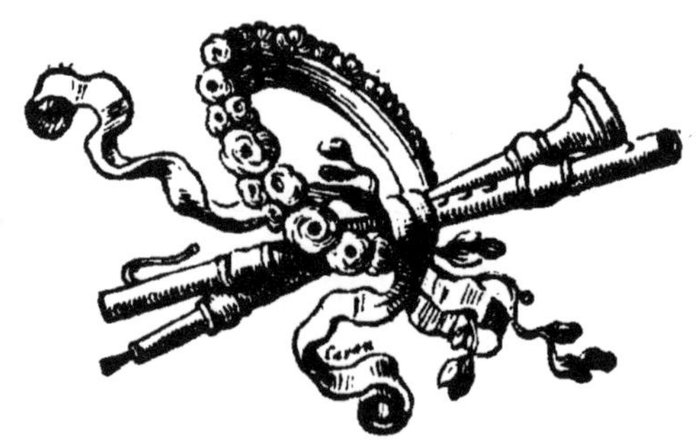

XXXV.

XXXV.

LA FÉE (a)

DE LA RAISON.

***Sur l'Air** - Tu croyois en aimant Colette.*

A lui faire un Don a-gré-a-ble

Même ardeur nous a-ni-me tous;

Pour rendre la Rai-ſon ai-ma-ble,

Qu'il prenne des leçons de Vous.

(a) Suite de la même Fête.

MINEUR.

*Sur l'*Air - *M. Clitandre à bon génie.*

JE veux qu'un jour il Vous ré-péte,

En Vous consacrant ses loi-sirs:

» Maman, la Raison n'est pas faite

» Pour ef-fa-rou-cher les Plaisirs.

XXXVI.

LE GÉNIE DE L'IVRESSE. *

Sur le même Air *que le précédent.*

DANS les vœux que l'on Vous adref-ſe

Tous les ex - cès ſont de ſaiſon;

C'eſt le vrai moment où l'Ivreſſe

Se rap-proche de la Raiſon.

---

* Ces Couplets ſe chantoient de ſuite.

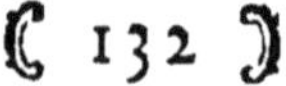

De ma tê-te grise & peu forte

Quel Don tirer pour vo-tre fils?

De votre san-té, que je porte,

Qu'il connoisse un jour tout le prix!

XXXVII.

SUITE DE LA MÊME FÊTE.

VAUDEVILLE

CHANTÉ PAR LES FÉES, GÉANTS ET ENCHANTEURS.

*Sur l'*Air - *Robin ture lure lure.*

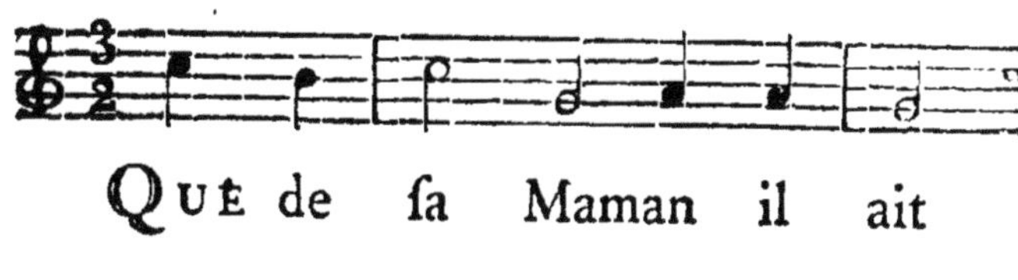

QUE de ſa Maman il ait

Gai-té, Bonté qui raſ-ſu-re !

Dons que Vénus troque-roit, Ture

lu-re, ſans pei-ne pour ſa cein-

tu - re, Ro - bin tu - re lu - re

lu - re.

Qu'il ait cette égalité,
Cette ame ſenſible & pure,
Dons qui parent la Beauté!
  Ture lure,
Mais s'il y joint ſa figure!...
Robin ture lure lure!

Surtout, qu'il en ait le cœur![a]
C'eſt un Don que la Nature
Lui tranſmit avec douceur,
  Ture lure,
Pour jouïr avec uſure;
Robin ture lure lure.

(a) Ce Couplet étoit chanté par S. A. S. Monſeigneur le Duc de Chartres.

JE prédis qu'il brillera (b)
Dans mainte chaude aventure,
En naiſſant il a déja,
Ture lure,
Son Onguent pour la brûlure;
Robin ture lure lure.

Grace au Déſenchantement, (c)
On voit clair ſur ma figure,

(b) Ce Couplet chanté par un Chef de Guerriers, avoit trait aux allarmes qui avoient ſuivi la naiſſance du jeune Prince; en l'approchant d'un braſier ardent, pour lui rendre la chaleur, la néceſſité de lui donner les ſecours les plus prompts, empêcha de s'appercevoir que les ſpiritueux dont on ſe ſervoit pour le ranimer, gagnoient inſenſiblement le feu qui s'y communiqua avec rapidité, & l'Enfant ſe vit, dans un inſtant, environné de flammes, accident, qui de l'aveu même de la Faculté, a peut-être contribué à lui conſerver la vie.

(c) Couplet chanté par un Chevalier que les Fées avoient métamorphoſé en Négre, & a qui elles rendirent ſa premiere figure en faveur de la fête.

Tout le zéle du moment,
Ture lure ;
Et la Gaîté la plus pure ;

CHŒUR DES GÉNIES.

Robin Ture lure lure.

(*d*)

CHACUN peint notre plaisir ;
Mais pour moi mon cœur m'assure
Qu'il faut pour le bien saisir,
Ture lure ;
Le pinceau de la Nature,
Robin ture lure lure.

(*e*)

MON fils verra comme Nous,
Pour lui j'en conçois l'augure,

(*d*) Couplet chanté par S. A. S. Monseigneur le Duc d'Orléans.

(*e*) Couplet chanté par S. A. S. Monseigneur le Duc de Bourbon.

Que les plaisirs les plus doux,
    Ture lure,
Sont bien ceux de la Nature ;
Robin ture lure lure.

XXXVIII.

SUITE DE LA MÊME FÊTE.

Sur l'Air - Souvenez-vous-en ! (a)

QU'IL Vous ren-de tout l'amour

Qui marqua ſon premier jour;

Quand Vous di-ſiez en ſouffrant:

» Veillez ſur l'Enfant! (*b*) Souvenez-vous-

(*a*) Couplet chanté par S. A. S. Monſeign. le Prince de Condé.

(*b*) Ce ſont les propres expreſſions de la Mere.

- en ! Mais dans nos cœurs la Ma-

man préviendra toujours l'Enfant.

PRÈS du jour où notre cœur (*c*)
En fut quitte pour la peur,
Vous me disiez : » bon ! vraiment
Je pourrai fêter » (souvenez-vous-en,)
La Naissance de Celui (*d*)
Qui vous prévient aujourd'hui.

(*c*) Montrant l'Assemblée.

(*d*) Ce Couplet chanté par l'Auteur avoit pour but de rappeller que Madame la Duchesse de Bourbon qui n'attendoit que le moment d'accoucher, avoit imaginé que dans les huit ou neuf premiers jours de ses couches, elle seroit en état de chanter pour l'anniversaire de M. le Prince de Condé, quelques Couplets qu'elle avoit en conséquence demandés à l'Auteur.

ON dit que Henri le Grand
Dans le monde à peine entrant,
A fait chanter ſa Maman;
Vous avez chanté, (ſouvenez-vous-en!)
Naître comme lui fait que
En naiſſant un cœur prend feu.

XXXIX.

CHANSON
DE MONSEIGNEUR
LE DUC D'ENGUIEN,

Sur son Anniversaire, & présentée par lui à son Papa & à sa Maman. (a)

SUR UN AIR DE M. L***

JE suis dans un âge où le cœur A

be-soin en-cor d'In-ter-pré-te:

Ce qu'on me dit je le ré-pé-te,

(a) L'Auteur dans cette Chanson qui lui a été demandée, a eu pour but de prouver qu'un Enfant peut entendre, & se faire entendre.

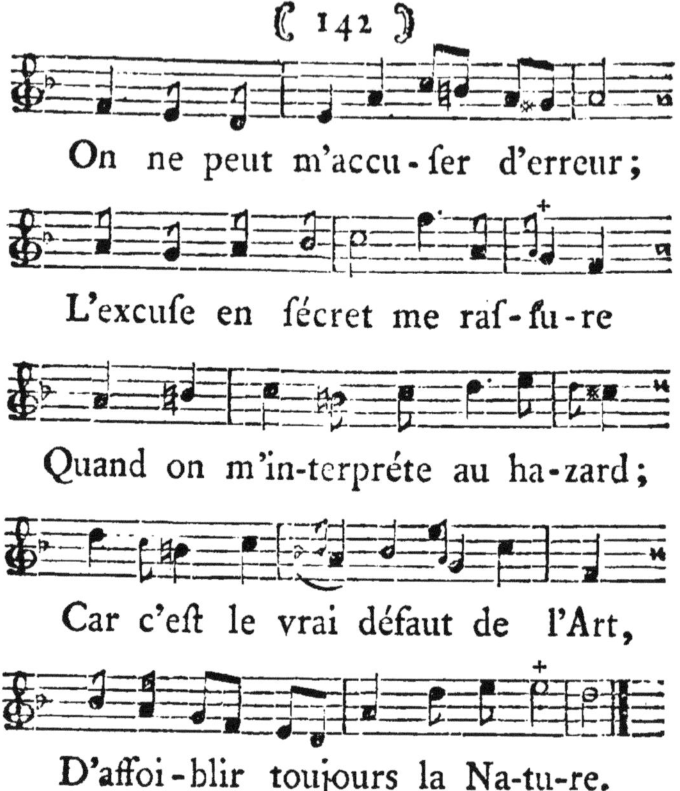

Maman, Papa, quand votre Enfant
Vous fait careſſe ſur careſſe,
Vous en croyez ſur ſa tendreſſe
Moins ce qu'il dit, que ce qu'il ſent;
Un baiſer de lui Vous aſſure
Que s'il en donne, il en attend;
Et Vous lui prouvez qu'on entend
Le langage de la Nature.

PAPA, Maman, je desirois
Plus que jamais votre présence;
Ce jour m'a prouvé que l'Enfance
A ses pressentimens secrets;
Ne les traitez pas d'imposture!
Si l'instinct lui même a les siens,
Tous deux vous devez croire aux miens;
L'ame éléve encor la Nature.

CE jour, sans trop savoir pourquoi,
Offre à mes yeux de nouveaux charmes;
On dit qu'on y vit vos allarmes
Se changer en plaisirs par Moi;
Mon cœur en conçoit bon augure;
Que dois-je faire en grandissant?
Puisque j'ai, dit-on, en naissant (*b*)
Consolé deux fois la Nature.

(*b*) On a parlé des allarmes répétées qu'il avoit causées en naissant. Voyez la note (*b*) pag. 136.

TANDIS que près de mon berceau
L'Amour m'échauffoit ſous ſon aîle,
On vit briller quelque étincelle (c)
Qu'il fit jaillir de ſon flambeau;
Le feu croît... l'on tremble... il raſſure;
Il feint d'en éteindre l'ardeur,
Pour la dépoſer dans mon cœur,
Comme un eſpoir pour la Nature.

UN cœur éclairé par tes feux
Retient aiſément ton langage,
Amour ! on te peint de mon âge,
Les Enfans s'entendent entr'eux;
Maman en verra preuve ſûre
Quand un frere m'arrivera;
C'eſt de moi ſeul qu'il apprendra
Comme on fait parler la Nature.

(c) Voyez la même note (b) pag. 136.

Ce jour fut inſcrit par l'Amour
Au rang des fêtes les plus cheres;
Le Plaiſir, a des cœur ſinceres
En vient d'annoncer le retour.
Pour moi que de vœux! quel augure!
Je puis dire: » A peine à deux ans!
» D'Enguien jouit des ſentimens,
» Dont la ſource eſt dans la Nature.

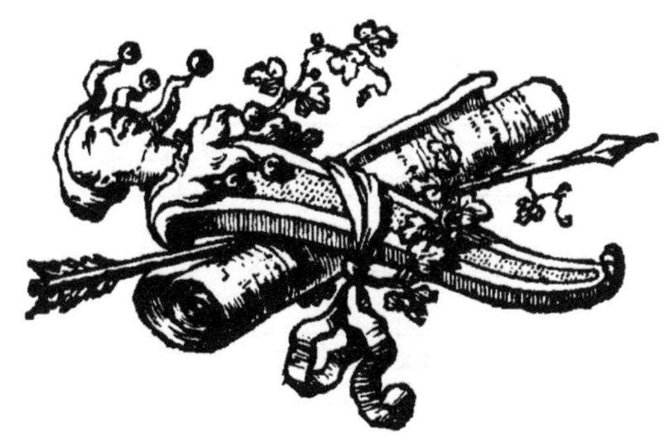

X L.

EPITHALAME

D'UN DIRECTEUR D'OPERA.(*a*)

SUR UN AIR DE M. L'ABBÉ ***

Cette Chanſon peut auſſi ſe chanter ſur l'Air

On ne peut aimer qu'une fois quand on aime Colette.

L'AMOUR i - ci mieux que jamais

Se fi - xant ſur vos tra - ces,

Prouve que les Arts ne ſont faits

(*a*) M. Trial, l'un des Compoſiteurs dont l'Académie Royale de Muſique a le plus regretté la perte.

QUI ſent tout le prix du bonheur
Doit le rendre durable ;
Quand un bon cœur trouve un bon cœur,
L'Hymen eſt agréable ;

(*b*) Alluſion au nom de la Mariée.

Vous ſçavez, puiſque du Plaiſir
  Vous dirigez les armes,
Qu'il faut le fixer, pour ſaiſir
  Tout ce qu'il a de charmes.

L'AMITIÉ jouit avec vous,
  De vos plaiſirs ſincères.
Ici les cœurs ſe tiennent tous; (c)
  Tous les Talens ſont freres:
Vous nous prouvez qu'ils ſont flattés
  Du nœud qui les raſſemble;
Nous vous prouvons qu'ils ſont fêtés
  En vous voyant enſemble.

(c) L'Aſſemblée n'étoit compoſée que de gens à talens en tout genre.

XLI.

BOUQUET A DEUX. (a)

Sur l'Air - Chantons Lætamini.

(a) Ces Couplets de table furent faits pour une Mere & une Fille, qui s'appelloient toutes deux Elizabeth.

Noyons notre ſageſſe
Dans ce jus guilleret
S'il nous mène à l'ivreſſe
Du Plaiſir c'eſt l'effet.
C'eſt pour Elizabeth ; (c)
On aime Elizabeth ;
On fête Elizabeth ;
On chante Elizabeth.

(b) Montrant la Mere, & verſant à boire à ſes voiſins.
(c) Montrant la Mere.

J'AIME assez qu'on s'enivre,
Et je dis mon secret,
C'est qu'un Rimeur bien ivre
Risque un méchant couplet;
   Sans craindre Elizabeth, (*d*)
   Vous rime Elizabeth,
   Vous chante Elizabeth;
   Vous fête Elizabeth.

QUAND l'Amour à Cythere
Vante un aimable objet;
Pour ôter à sa mere
Des cœurs qu'elle soumet,
   Il montre Elizabeth; (*e*)
   On aime Elizabeth;
   On chante Elizabeth;
   On fête Elizabeth.

(*d*) Montrant la Mere.

(*e*) Montrant la Mere.

Transmettre l'art de plaire
Eſt un heureux ſecret ;
C'eſt ce qu'on ne voit guere,
Et c'eſt ce qu'elle a fait,
  A cette Elizabeth, (*f*)
  Qui tient d'Elizabeth, (*g*)
  L'air doux d'Elizabeth, (*h*)
  Le cœur d'Elizabeth. (*i*)

De notre ardeur commune
L'une & l'autre eſt l'objet,
Le bien qu'on dit de l'une
Flatte l'autre, & lui plaît ;
  Fêtant Elizabeth, (*k*)
  On fête Elizabeth ; (*l*)
  Chantant Elizabeth, (*m*)
  On chante Elizabeth. (*n*)

(*f*) Montrant la Fille. (*g*) Montrant la Mere.
(*h*) *Idem.* (*i*) *Idem.*
(*k*) Montrant la Mere. (*l*) Montrant la Fille.
(*m*) *Idem.* (*n*) *Idem.*

POURQUOI dire & redire
Tout le bien qu'on en ſçait,
Quand chacun le fait lire
Dans ſon cœur ſatisfait,
  Qui chante Elizabeth, (o)
  Qui chante Elizabeth,
  Qui fête Elizabeth,
  Qui fête Elizabeth!

(o) Les montrant alternativement à chaque vers.

XLII.

COUPLETS

CHANTÉS DANS *L'ISLE D'AMOUR* (a)

A CHANTILLY,

A l'arrivée des Cors de Chasses & Clarinettes, que l'on avoit fait venir pour Monseigneur le Prince de Condé.

L'on saisît l'idée de les lui faire entendre pour amener une petite Fête.

*Sur l'*Air - *Un Meunier de notre Village.*

Les Talens appellent les Gra-ces, (b)

C'est pour les fê - ter qu'ils sont faits ;

(a) Bosquet de Chantilly.

(b) Aux Dames.

Vous, dont le Plai-fir fuit les traces
Con-dui-fez-le dans nos bofquets;
Ve-nez-y donc, ve-nez fans peine,
Pour embel-lir ce beau féjour!
C'eft vi-fi-ter vo-tre Do-maine,
Que vi-fi-ter l'Ifle d'Amour.

MONSEIGNEUR, vous voyez paroître
Ici de nouveaux ſerviteurs ; (*c*)
Tous d'accord, pour plaire à leur maître,
Ils ont pris l'uniſſon des cœurs.
Tous, pour s'offrir à votre vûe,
Ont voulu fuir l'éclat du jour ; (*d*)
Mais jugez bien d'une recrue
Qui ſe fait dans l'Iſle d'Amour.

SI leur zèle, empreſſé d'éclore,
A grand bruit s'annonce à vos yeux,
Le moyen de l'accroître encore,
C'eſt de vous connoître un peu mieux ;
Déja l'ardeur qui d'eux s'empare,
Leur fait oublier en ce jour,
Qu'on ne doit point ſonner fanfare,
Quand on eſt dans l'Iſle d'Amour.

(*c*) Montrant les Muſiciens que le Prince voyoit pour la premiere fois.

(*d*) Cette petite fête ſe donna la nuit.

VOICI le mois où l'on moiſſonne, (e)
Il a vû naître Monſeigneur,
Et deux fois, aux champs de Bellonne,
L'a vû moiſſonner en Vainqueur :
De ſa gloire & de ſa naiſſance
Ce mois rappelle l'heureux jour ;
Epoque heureuſe que la France
Fit graver dans l'Iſle d'Amour.

(e) Le mois d'Août époque de la Naiſſance, de la fête, & des ſuccès de S. A. S.

XLIII.

SUITE DE LA MÊME FÊTE.

PARODIE

SUR LA CHASSE DE M. DE LA GARDE.

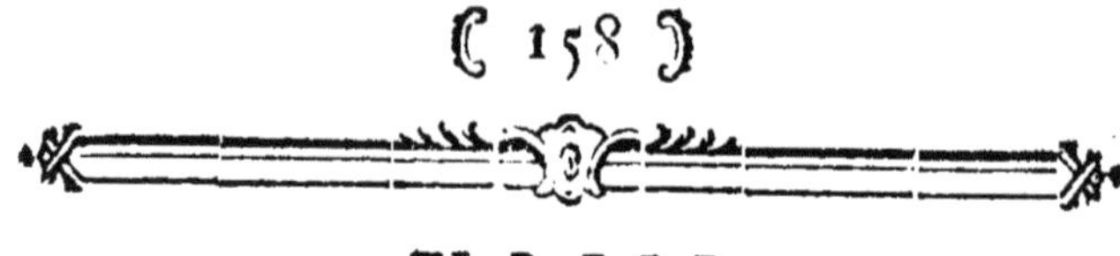

CE bois (a) eſt l'a-zi-le d'un Chaſſeur tran-

- qui - le, D'un Dieu vainqueur Qui ti-

- re droit au cœur; Il doit à vos

charmes (b) Ses plus for-tes armes; La

Li-ber-té tient-elle à la Beauté!

(a) L'Iſle d'Amour, Boſquet de Chantilly.

(b) Aux Dames.

Il a l'a-dreſſe, Il a la fi-

neſ- ſe, Il a la vi-teſſe, Ce

Chaſſeur ſi doux ; Il n'eſt re-ſerve,

Ni cœur qu'il préſerve, Il ſçait comme

vous, Les a-ni-mer tous. Ce bois eſt l'a-

zi-le D'un Chaſſeur tranqui-le, D'un

Dieu vainqueur Qui ti-re droit au

cœur ; il doit à vos charmes ſes

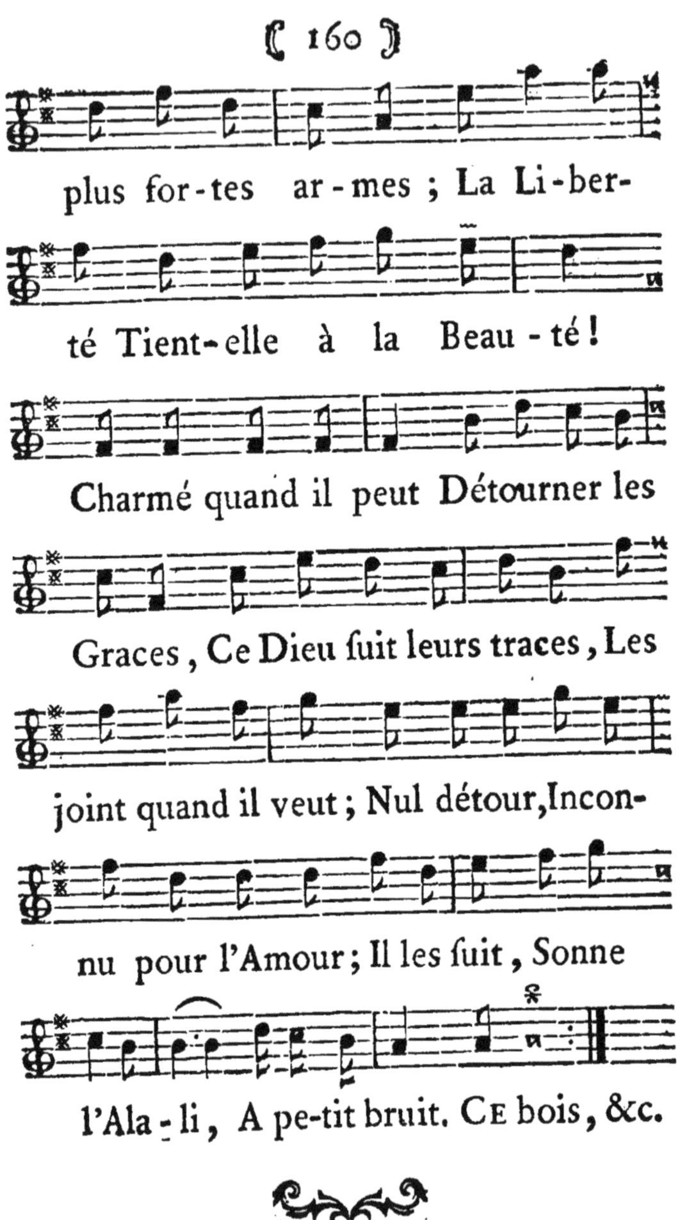
plus for-tes ar-mes ; La Li-ber-
té Tient-elle à la Beau-té !
Charmé quand il peut Détourner les
Graces, Ce Dieu ſuit leurs traces, Les
joint quand il veut ; Nul détour, Inconnu pour l'Amour ; Il les ſuit, Sonne
l'Ala-li, A pe-tit bruit. CE bois, &c.

XLIV.

XLIV.

SUITE DE LA MÊME FÊTE. (a)

Menuets de la Chasse de M. de la Garde.

MAIS quels nouveaux accens Se mê-

(a) Le but de cette petite fête étant de présenter à S. A. S. ses Musiciens, on avoit envoyé à l'Auteur les Airs qui pouvoient donner une idée de leurs talens & de leur exécution, comme *Symphonistes* & comme *Accompagnateurs.* On lui avoit en même tems prescrit de n'annoncer que successivement les différens tableaux sur lesquels on vouloit fixer l'attention, de maniere que chacun d'eux amenât une petite surprise ; on lui avoit sur tout recommandé d'indiquer dans une des annonces de la fête, l'origine du nom d'*Isle d'Amour* donné à des Bosquets connus long-tems sous celui de *Bois verds.* Idée que l'Auteur a essayé de remplir dans les Vers faits pour amener la présentation des Bouquets aux Dames de la fête. *Voyez la note pag. 164 & 165.*

(b) On entendoit une simphonie qui s'annonçoit de loin.

Le ſo-leil de retour; La nuit eſt l'i-

-mage du jour. (c) Le Dieu brillant des

Eaux, Ou ces jeunes Or-meaux

Vont voir ſans ceſſe leurs attraits nouveaux,

Se-con-de nos tranſports; Venez

voir ſes ef-forts; il vous en

(c) Les Boſquets étoient illuminés.

(*d*) Pour attirer la Compagnie fur les bords du canal, fur lequel on voyoit des batelets illuminés de feux de couleur; dans ces batelets étoient des Muficiens, des Bergeres & Bergers galamment vêtus, qui portoient des corbeilles de fleurs que l'on diftribuoit aux Dames.

UN BERGER.

Aux Dames en leur diftribuant les Bouquets.

Si Vénus fut fille de l'Onde,
Sans doute en cet afile elle reçut le jour;
En doutez-vous? nommez un plus riant féjour
Où placer le Berceau de la Reine du monde!
Je dis plus; à fon Fils elle y donna naiffance;
Et tous deux, par reconnoiffance,
Nommerent ces *Bois verds* du nom d'*Ifle d'Amour*.
Si l'on traitoit de ridicule,
De conte en l'air, le moindre de ces faits;
Graces dont la préfence embellit ces bofquets,
En ma faveur dites à l'incrédule,
Qu'on fait honneur aux Dieux en citant leurs bienfaits;

Pour vous fixer ſur cette rive,
Ce Ruiſſeau qu'Amour y captive,
Cent ſois le jour arroſe & ranime ces fleurs;
Mais qu'avec plaiſir il s'en prive
Pour les revoir près de vos cœurs!
Vous éloignez-vous? il murmure
De voir le prix de ſes faveurs,
Et ſemble apprendre à la Nature
Que vous y retrouvez ſes pleurs.

UNE BERGERE.

En préſentant à Monſeign. le Prince de Condé, une petite Branche de Laurier cachée ſous les fleurs au fond de la corbeille.

VOIR ſous les traits de la Jeuneſſe,
Sous ſes agrémens ſéducteurs,
Et la Valeur & la Sageſſe;
C'eſt, je crois, voir ſous votre adreſſe
Un Laurier caché ſous des fleurs.
Voir dans le char de la Victoire
La Modeſtie avec la Gloire,
Montrer l'exemple à nos guerriers;
C'eſt voir (ce qu'on n'oſeroit croire!)
Les fleurs ajouter aux Lauriers.

Cette petite Fête finît par des Danſes.

X L V.

PETIT ÉLOGE DE CE QUI EST PETIT. (*a*)

*Sur l'*Air - *A l'Ombre de ce verd Bocage.*

Elle peut aussi se chanter

*Sur l'*Air - *Tout roule aujourd'hui dans le monde.*

I - ci le terrein nous resser-re ;

Mais pour vous préserver du froid,

Petits talens font, pour vous plaire,

(*a*) » Chanson faite pour servir d'excuse à de très-petits » plaisirs donnés à petit bruit dans une petite maison, à de » grands Personnages qu'on avoit grandement envie d'a- » muser.

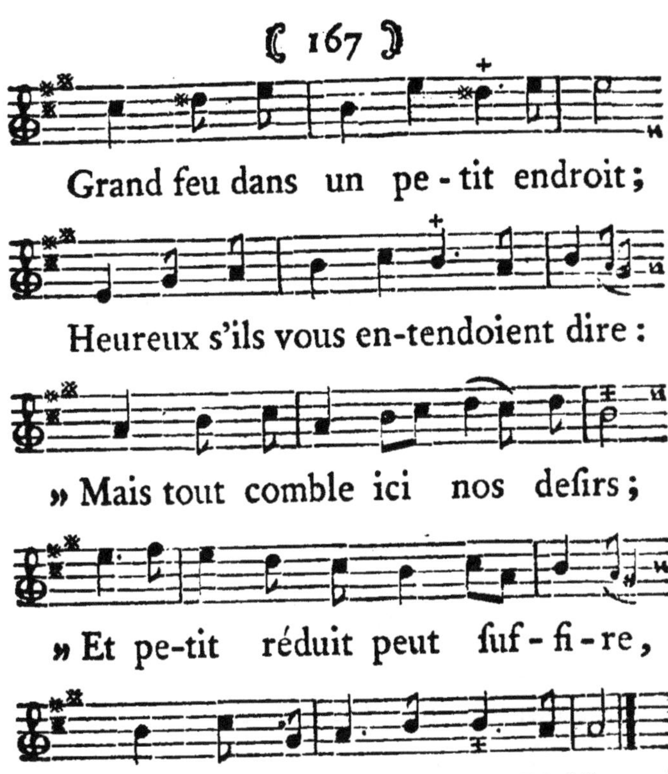

PETIT Rendez-vous tête à tête
Donné dans de petits Bosquets,
Pour deux Amans, vaut une fête
Que donne Plutus à grands frais:
Les feux du Dieu qui nous éclaire,
Pour eux, ont moins d'attraits que ceux
Que le petit Dieu de Cythere
Aime à voir briller dans leurs yeux.

SOCRATE, pour ſa maiſonnette,
Cenſuré par Grands & Petits,
Aux Critiques dit qu'il ſouhaite
La voir pleine de vrais amis;
Les vœux qu'il formoit pour lui même,
Que ſert de les former pour vous!
Tout ce que vous aimez vous aime,
Ici les cœurs ſe tiennent tous.

PETIT Médecin, que j'eſtime,
M'a dit, qu'à petite ſanté, (*b*)
Il fixe, pour premier régime,
Petite doſe de gaîté.
Qu'un petit rien qui ſçait nous plaire
Fait qu'un grand mal eſt oublié;
Mais en tout il ne donne guere
Sa Recette qu'à l'Amitié.

(*b*) L'une des Dames a qui l'on donnoit cette petite fête relevoit de maladie.

XLVI.

BOUQUET

POUR LA FÊTE DE S. A. S.

MONSEIGNEUR

LE COMTE DE CLERMONT.

Cette Chanſon (*a*) peut auſſi ſe chanter

*Sur l'*Air - *Tout roule aujourd'hui dans le monde.*

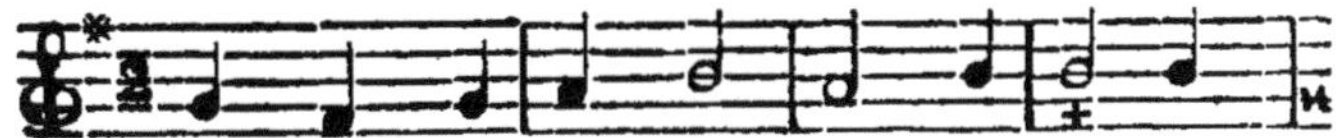

LE Moiſſonneur dit dans la plaine :

» L'ai-ma-ble ſai-ſon que l'E-té !

Cet-te ſai-ſon eſt, pour ma vei-ne ,

(*a*) Elle fut placée dans un divertiſſement de Moiſſonneurs.

L'Astre brillant du jour éclaire
L'espoir des Laboureurs joyeux;
Le Zéle est l'Astre salutaire
Qui seul fait briller tous nos vœux;
Parmi nous ce beau jour l'arrête,
Lui fait chérir cette saison;
Et c'est le jour de votre Fête
Qu'il a choisi pour sa moisson.

POURQUOI le ſang le plus auguſte
Dans ce mois prit-il un Patron ?
Pourquoi ? C'eſt que du bon Auguſte
Ce mois rappelle le renom ;
Les Arts, qu'il cultivoit lui-même,
A ce Mois ont donné ſon nom ;
Quel Mois, pour fêter qui les aime,
Que l'heureux Mois de la moiſſon !

LE Printems, fier de ſa parure,
Vous vît naître au ſein de ſes fleurs ; (b)
C'eſt un bien-fait de la Nature,
Qui lui fit ſentir ſes faveurs ;
Auſſi, lorſque l'Eté vous fête,
Des fleurs rappellant la ſaiſon ;
Le Printems marque encor leur fête,
Au Mois heureux de la moiſſon.

(b) Monſeigneur le Comte de Clermont né le 15 Juin 1709, & dont la fête arrivoit le 25 d'Août.

XLVII.

CHANSON

POUR UNE JEUNE DAME,

Qui avoit exigé de l'Auteur une Epigramme ſur ſes boutons.

Cette Chanſon peut auſſi ſe chanter

*Sur l'*Air – *De Joconde*, noté p. 23.

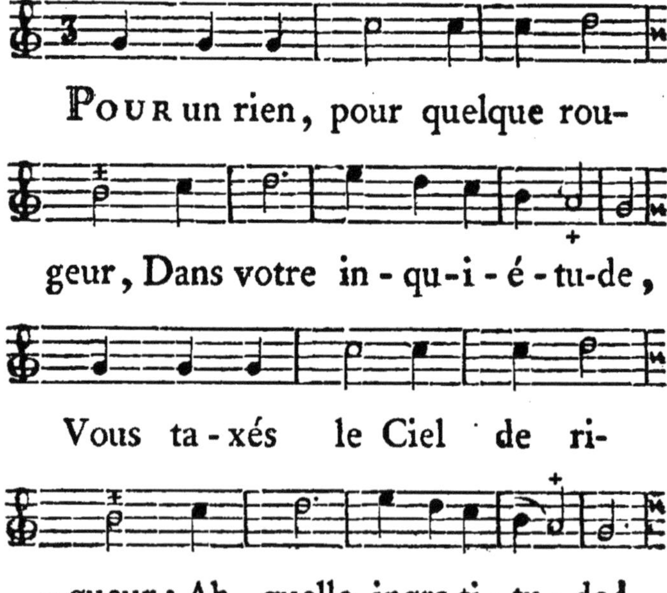

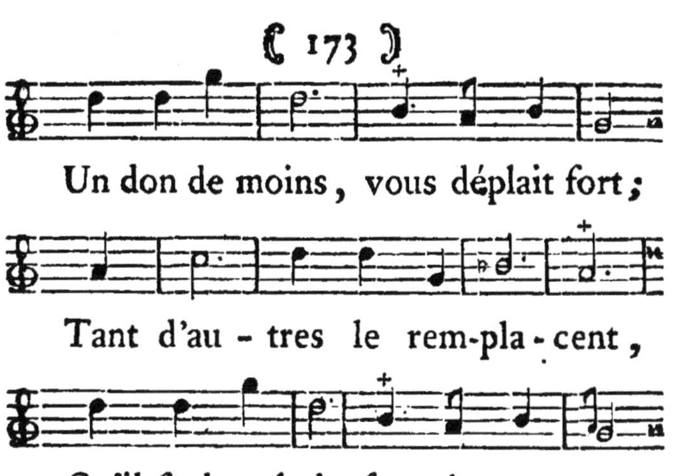

Que les bien-faits ef - fa - cent.

LE grand Peintre du Genre humain,
L'Auteur de la Nature,
Selon moi, ne fit rien en vain
Pour chaque créature.
S'il prouve que chaque tableau
Veut des clairs & des ſombres,
Voyons en vous ſi ſon pinceau
A trop chargé les ombres.

Vos yeux, où tout, à votre gré,
Et se peint, & s'exprime,
Empruntent leur vivacité
Du feu qui les anime;
Bouton, (qui sans doute rougit
D'affliger ce qu'on aime,)
Vous vaut encor le bon esprit
D'en plaisanter vous même.

Sur ces riens consulter Tissot! (a)
Quelle erreur est la vôtre!
Contentez-vous de votre lot!
Il en vaut bien un autre;
A la Nature abandonnons
Les effets & les causes!
Elle fit naître les boutons,
Pour nous donner les roses.

(a) Fameux Médecin.

XLVIII.

LE PORTRAIT. (a)

Sur l'Air - Le connois-tu ma chere Eléonore.

Vous poſſédez mille ſecrets ai-

ma - bles Pour in - vi - ter à

pré - ve - nir vos vœux ; Vous n'impo-

- ſez que des loix a - gré - a - bles ;

(a) Cette Chanſon fut faite pour ſervir d'envoi à un Portrait demandé par Madame C*** à Mademoiſelle de C***

VOUS exigez une offrande légere, (*b*)
Recevez-là dans ſa ſimplicité;
L'ajuſtement d'une ſimple Bergere, (*c*)
Sert de parure à la Sincérité.

L'ART a voulu décorer cette offrande,
Et la parer des plus vives couleurs;
De ce portrait s'il traça la guirlande, (*d*)
Des yeux plus ſûrs avoient choiſi les fleurs.

(*b*) On avoit exigé le préſent le plus ſimple.

(*c*) Mademoiſelle de C*** ſe fit peindre en Bergere.

(*d*) Le Peintre ayant propoſé d'entourer le Portrait d'une guirlande, Mademoiſelle de C*** exigea de lui, de la compoſer d'Immortelles, & de Penſées.

L'ATTACHEMENT

L'ATTACHEMENT a ſervi de modele ;
Mais ſes traits ſont au-deſſus du pinceau ;
Peint-on un cœur où l'Amitié, pour Elle
A chaque inſtant grave un charme nouveau.

EN vous voyant, j'adorai ſon image ;
Quand près de vous mon bonheur me fixoit ;
Vous paroiſſiez jouir de votre ouvrage ;
De vos ſuccès mon cœur s'applaudiſſoit.

JE me diſois : » l'Amitié dans ſon temple
» Ne reçoit pas plus d'encens, plus de vœux ;
» Eſt-il des cœurs (*f*) qui tracent mieux l'exemple
» De la douceur de vivre dans ſes nœuds !

(*e*) Elles avoient paſſé quelques jours de ſuite à la campagne.

(*f*) Voyez la Chanſon ſuivante.

Vous l'imitez juſqu'en ſa bienfaiſance,
Et vous ſçavez, (c'eſt ſon Art le plus doux;)
Diſtraire l'œil qui fixe la diſtance,
Par un regard qui rapproche de vous.

Un ſimple don la flatte & l'intéreſſe,
Qui vous connoît, aiſément le conçoit;
Me diriez-vous ſi l'objet qui l'adreſſe
Eſt plus heureux que l'objet qui reçoit?

XLIX.

LES REGRETS

DE L'ABSENCE. (a)

*Sur l'*Air - *Que n'ai-je, en te perdant, perdu le souvenir!*

ENVAIN dans ces a - si - les Le

Plai-sir suit mes pas ; Est - il des

jours tran - qui - les Pour qui ne

(*a*) Cettt Chanson envoyée à Madame C*** le jour de sa féte en même tems que la Chanson précédente, par Mademoiselle de C*** eut pour objet de peindre les Regrets qu'elle avoit de ne pouvoir lui porter elle-même son Bouquet.

MES Compagnes fideles
Font redire aux échos,
Mille Chanſons nouvelles,
Pour adoucir mes maux;

Mais votre voix touchante
M'a trop fait retenir
Ce Refrain (*b*) qu'elle chante;
Que n'ai-je, en l'écoutant, perdu le ſouvenir!

ICI tout me rappelle
Ce jour délicieux
Où l'Amitié fidele
S'enchaîna de vos nœuds; (*c*)
De votre heureux exemple
Les cœurs ſembloient joüir;

(*b*) Madame C*** chantoit ſouvent l'air de cette Chanſon, ce qui détermina à le choiſir de préférence pour les couplets que l'on lui deſtinoit.

(*c*) Pour l'intelligence de ce Couplet & des deux ſuivans, il eſt néceſſaire de dire que dans le moment où Mademoiſelle de C*** & ſes compagnes inſcrivirent leurs noms ſur les autels de l'Amitié, Madame C*** & Madame ſa ſœur ſe leverent ſans ſe prévenir l'une & l'autre, pour y inſcrire le leur, & y répeterent les refreins des Hymnes de la fête que l'on leur donnoit.

Vous êtes loin du temple ! (*d*)
Que n'ai-je, en le voyant, perdu le ſouvenir !

NOTRE bonheur extrême
Se peignoit dans vos yeux ;
Vous répétiez, vous même,
Nos refrains & nos vœux ;
Et votre ſœur charmante
Vouloit vous prévenir ;
Bonheur qui me tourmente !
Que n'ai-je, en le perdant, perdu le ſouvenir !

LA douceur ſéduiſante
Dirigeoit tous vos pas ;
La Vertu, careſſante,
N'en a que plus d'appas ;

(*d*) Temple de l'Amitié où Mademoiſelle de C*** avoit donné la fête dont on vient de parler.

Ces prétieuſes larmes
Qu'on ne pût retenir,
M'ont offert trop de charmes!
Que n'ai-je, en les voyant, perdu le ſouvenir!

SOUVENT un ſonge aimable
Me retrace vos traits;
Cette erreur agréable
Aſſoupit mes regrets;
Mais jaloux d'un menſonge
Le jour vient m'en punir;
Le bonheur n'eſt qu'un ſonge!
Que n'ai-je, en l'éprouvant, perdu le ſouvenir!

OUI, cette nuit encore,
J'ai cru voir mille cœurs
A l'envi faire éclore (e)
Et des vœux & des fleurs;

(e) Alluſion à la fête de Madame C***.

C'étoit pour votre fête;
J'allois les prévenir;...
Le jour luit; & m'arrête!...
Que n'ai-je, en le voyant, perdu le souvenir!

L.

BOUQUET
A UN PERE DE FAMILLE.

*Sur l'*Air - *Sans compliment.*

Chacun d'eux s'empreſſe à vous dire :

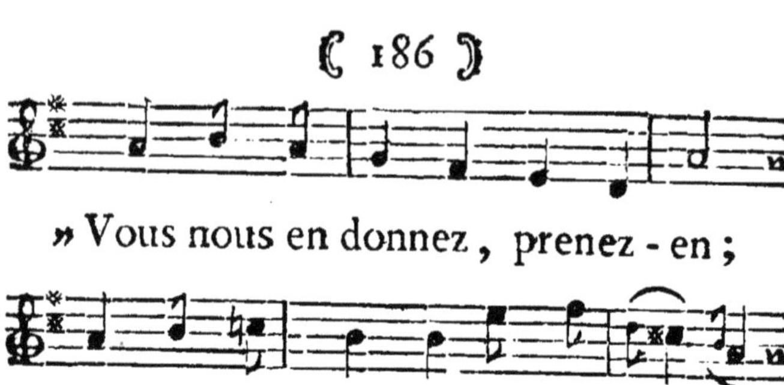

Et dans vos yeux laissés nous li-re

Que ce qu'on reçoit on le rend,

Sans compliment; sans compliment.

DANS ces agréables retraites
Tout cherche à combler vos desirs,
Au sein des heureux que vous faites
Vous sçavez trouver vos plaisirs;
Et je surprens l'Amitié même
Qui dit tout bas en ce moment:
» Tout ce que vous voyez vous aime,
» Et vous le dit, tout bonnement,
» Sans compliment;
» Sans compliment.

QUAND je veux ſervir d'Interprête
Aux vœux faits pour votre bonheur,
Il faut encor que je répéte
Ce que je lis dans plus d'un cœur:
Comme il eſt la ſource ordinaîre
Où l'on puiſe à chaque moment,
S'il me ſert mal voulant mieux faire,
Ma foi traitez mon compliment
Sans compliment;
Sans compliment.

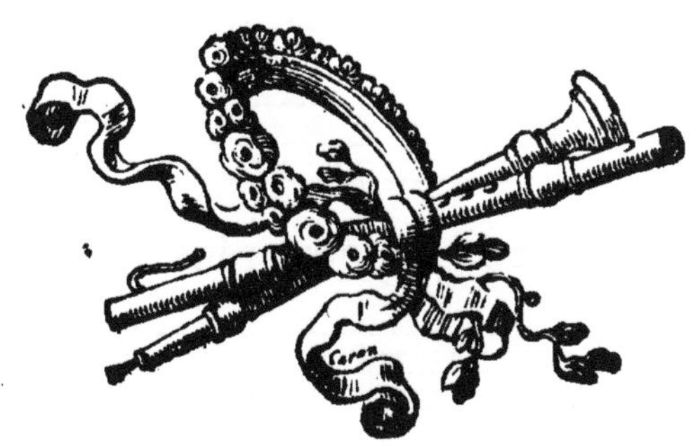

L I.

LE DROIT DU SEIGNEUR. (a)

Sur l'Air – L'autre jour le biau Colas.

V'LA donc not' May qu'est planté!

Je viens com-plé-ter l'hommage;

Pour nous donner plus d'gaî-té,

Et cou-ron-ner notre ouvra-ge,

(*a*) Cette ronde fut chantée dans un Bal paré devant le feu Roi, à la fuite d'un divertiffement intitulé, *Le May Flamand.*

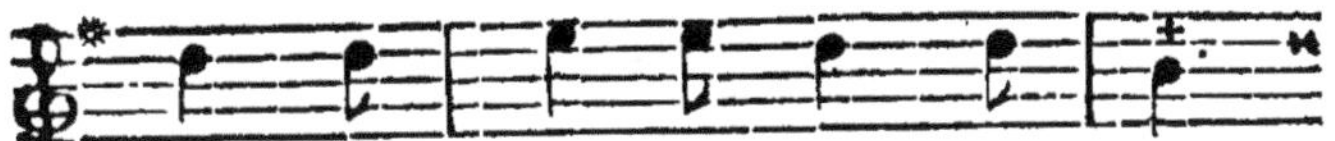

Faut la Chanſon du Seigneur,

C'eſt dans l'ordre & c'eſt l'uſa-ge;

Le cœur doit donner au cœur

Le vrai droit du Seigneur.

SON Domaine eſt ben peuplé;
(Quoiqu'ça faſſe ben du monde!)
Tout ç'monde-là raſſemblé,
F'roit chorus à notre Ronde;
Diroit comm'nous: » Not'bonheur
» Sur vos jours, ſur Vous ſe fonde;
» Tous nos cœurs ne font qu'un cœur;
» C'eſt l'vrai droit du Seigneur.

On l'aim'roit quand in'seroit
Pas d'une aussi bonn'famille ;
Pourquoi ? c'est qu'il brilleroit
Par tout où la bonté brille ;
Et quand nous l'chantons, l'ardeur
Qui dans tous nos yeux pétille
Rend ben moins au rang qu'au cœur
De notre bon Seigneur.

A par soi chacun pensoit
C'que j'ly dis qu'est ben c'que j'pense ;
A tous nos cœurs ça pesoit ;
Pour eux l'mien rompt le silence ;
Au surplus, ça n'fait qu'un cœur
De plus dans la confidence.
Ouvrons donc nos cœurs, en chœur,
A notre bon Seigneur !

SA famille qu'il couv' des yeux,
En bonté comm'ça lui r'ſemble!
Tous ont leur part dans les vœux
Qu'un mêm'zéle ici raſſemble;
Ils aimont tant not'bonheur,
Que pour nous ils n'ont enſemble
Qu'un mêm'cœur qui tient du cœur
De notre bon Seigneur.

AVANT d'venir je m'diſois,
» Comment eſt-c'que j'vais m'y prendre?
J'voulois chanter; puis j'noſois:
V'là pourtant qu'il vient d'm'entendre!
Sa bonté guérit d'la peur;
Si ça m'fait trop entreprendre,
Le pardon eſt dans ſon cœur;
C'eſt l'vrai droit du Seigneur.

LII.

LE PLAISIR
DANS SON MEILLEUR TEMS. (a)

*Sur l'*Air - *Vive Henri, Vive Henri.*

LE Plaisir, chez nos premiers Peres,

Simple comme eux, eût ses douceurs;

Ses faveurs, jamais paf - fa-ge-res,

s'y répandoient fur tous les cœurs;

(*a*) Cette Chanfon fut faite à l'occafion de quelques amufemens dont on avoit ménagé la furprife à une Maman bien chérie.

Fils

TEL amusement, qu'il faut taire,
Avoit des attraits à ses yeux;

(b) Ce Refrain étoit répété par la famille.

Jamais le voile du Myſtere
N'offroit des ſecours dangereux;
Qu'une Fille en cachette
L'empruntât pour quelque moment;
Plaiſir diſoit: » Ah, j'entens, je le prête;
» C'eſt pour Maman, c'eſt pour Maman.

DANS les yeux de mainte Bergere
Plaiſir aimoit à ſe cacher,
Aſſuré qu'un Berger ſincere
Iroit bien vîte l'y chercher;
Aux yeux de la jeuneſſe
Offroit-il quelqu'amuſement;
On lui diſoit; » Fais mieux, ſers la tendreſſe!
» Offre à Maman! donne à Maman!

DANS le ſein de chaque famille
Il retrouvoit le même accord;
La Maman offroit à ſa fille
Vœux pour vœux, tranſports pour tranſports
Un portrait eſt le vôtre,

Jeunes Cœurs (*c*)... mais quel doux moment!
Vous m'indiquez à qui reſſemble l'autre :

Toutes s'écrioient

C'eſt à Maman, (*d*) c'eſt à Maman.

(*c*) S'adreſſant aux filles & fils de Madame la Ducheſſe de C***.

(*d*) Madame la Ducheſſe de C***.

LIII.

COUPLETS

A MADAME ***

Sur le Présent le plus cher qu'elle ait reçu le jour de sa fête.

Sur l'Air - Comme v'la qu'est fait.

On dit qu'un Objet qu'on a-do-re,

Et qui cherche à te plaire en tout,

Vient par un Présent, qui t'ho-no-re,

De servir son cœur & ton gout :

TANDIS qu'on vantoit la richeſſe
D'un Don, pour toi ſi précieux ;
Ce qui ſéduiſoit ta tendreſſe,
Et fixoit ton cœur & tes yeux,

C'étoit ſon Portrait, que tes larmes
Sans effort baignoient en ſecret;
Mais (ce qui dût flatter tes charmes,
C'eſt qu'on diſoit de ſon bienfait:
Oh ! qu'c'eſt bien fait!
Oh ! qu'c'eſt bien fait!

LIV.

ACCORD

DE DEUX POÈTES,

SUR LA MÊME FÊTE. (*a*)

Sur l'Air - De la Générale.

A tes vers, l'a-mi Monpreüil, (*b*)

L'on a fait accueil; Sur Moi l'on a

l'œil; Sans craindre d'écueil, J'ouvre

(*a*) Ces Couplets furent chantés à table à la Fête de S. A. S. Monseigneur le Comte de Clermont.

(*b*) Auteur de plusieurs jolis ouvrages de société, & qui avoit eu des succès marqués dans celle de Monseigneur le Comte de Clermont.

mon Recueil ; Par la Gaîté rajeuni,

Tu viens à Berni, De couplets garni;

Moi, j'en ſuis muni ; Je n'ai pas fi-ni.

POUR notre aimable Bourbon,
Ce Maître ſi bon,
Faiſons tout de bon,
Ici ſans façon,
Aſſaut de Chanſon;
Lui plaire eſt notre ſeul but;
Pour nous ce tribut
N'eſt pas un début;
Notre cœur en fut
Toujours à l'affut.

TOUS les ans, au même jour,
Le Zéle & l'Amour
Sont réunis, pour
Lui faire leur cour;
Aucun d'eux n'eſt court;
Quoique le Pere Apollon
Lui même, dit-on,
Leur donne le ton;
Malgré cela l'on
N'en dit pas trop long.

DANS ce jour de liberté
Le droit uſité,
Et le mieux goûté,
Eſt que la Gaîté
porte ſa ſanté.
Buvons donc à Monſeigneur,
C'eſt la loi du cœur.
Et chantons en chœur
Vive un bon Seigneur!
Vive Monſeigneur!

L V.

LA BOETE
DE PANDORE. (a)

Sur l'Air - La Beauté ! La Rareté ! La Curiosité !

(*a*) Ces Couplets furent demandés à l'Auteur pour servir d'Envoi à une boëte qui renfermoit un nœud d'Epée.

(*b*) Vulcain fabriqua Pandore.

EH bien, dit Jupiter, que le Plaiſir anime (*c*)
La Beauté!
Sur tout ce qui me plaît, apprenez que j'imprime
La Rareté;
Dans l'Olimpe auſſi-tôt ſa voix change en eſtime
La Curioſité.

TOUS les Dieux à l'envi, pour embellir encore
La Beauté,
Lui donnent tous les dons; (*d*) l'inſtant les voit éclore:
La Rareté!

(*c*) Jupiter l'anima.

(*d*) Tous les Dieux lui prodiguerent leurs dons.

Mais Vénus y glissa, sans rien dire à Pandore,
La Curiosité.

Au milieu des bienfaits & des vœux dont on fête
La Beauté,
Le souverain des Dieux lui présente une boëte, (e)
La Rareté;
Disant »Ne l'ouvrez pas ! qu'en vous mon ordre arrê
»La Curiosité !

Envoi pour inviter à ouvrir la Boëte.

Refuserez-vous donc ce qu'accepta sans peine
La Beauté?
Si ma boëte n'a pas ce qui fit, de la sienne,
La Rareté;
Le cœur, en vous l'offrant, n'y met rien qui retienn
La Curiosité.

(e) Boëte donnée à Pandore par Jupiter.

PANDORE ouvrit la boëte ; à peine aux Dieux rebelle,
La Beauté,
En vit ſortir les maux, pour la terre & pour elle,
La Rareté !
L'Amitié, dans la mienne, offre un nœud (ſ) qui rappelle
La Curioſité.

(ſ) Le nœud d'Epée renfermé dans la boëte.

LVI.

A MADAME ***

LE JOUR DE SA FÊTE. (a)

Sur l'Air - Un Inconnu pour vos charmes soupire !

PAR le bonheur de l'Amant qui t'a-

do - re, On peut juger du prix

de tes faveurs ; Son ame i-gnore

d'autres douceurs, Tu trouves l'art de

(a) Ce Couplet étoit sur un Deffert dans le bec d'un poulet.

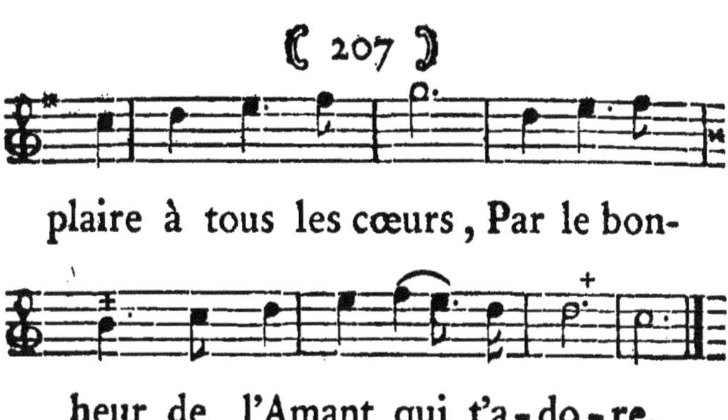
plaire à tous les cœurs, Par le bon-
heur de l'Amant qui t'a-do-re.

LVII.

AUTRE

A MADAME LE NORMAND, LE JOUR DE SA FÊTE. (a)

Sur l'Air - Oh, oh, ok, oh! ah, ah, ah, ah! n'faut pas êt'grand Sorcier pour ça.

De te fê - ter ſur l'Hé-li - con

On dit qu'A-mour ſe mê - le;

Auteur Normand, Auteur Gaſcon,

Pour toi m'offroient leur ze - le.

(a) Ce Couplet étoit dans la main d'un petit Amour.

J'ai

J'ai d'vi-né tout net-te-ment, que
C'eſt le *Normand* qui te plai-
-ra; La la. Oh, oh! Ah, ah, ah,
ah! N'faut pas êt' - grand Sorcier pour ça; La la.

LVIII.

DUO. (a)

(a) Ce Duo parodié ſur un air de M. de la Garde a été ajouté à l'Acte d'Eglé, lors de ſa derniere repriſe.

-pans ſur nous; Fierté, Raiſon, Qu'at-
-pans ſur nous; Fierté, Raiſon, Qu'at-
-ten-dez-vous! Des cœurs heu-
-ten-dez-vous! Des cœurs heu-
-reux vous di-ſent tous - - -
-reux vous di-ſent tous » Ai-
» mons! Aimons! eſt-il un ſort plus

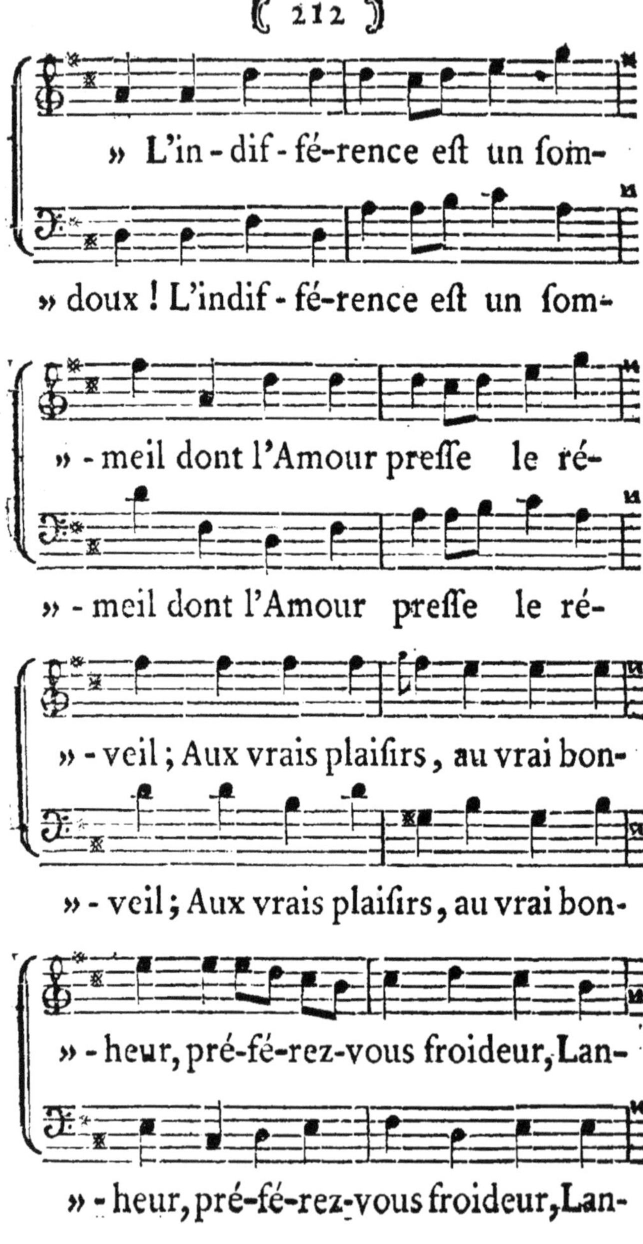
» L'in-dif-fé-rence eſt un ſom-
» doux ! L'indif-fé-rence eſt un ſom-
» -meil dont l'Amour preſſe le ré-
» -meil dont l'Amour preſſe le ré-
» -veil ; Aux vrais plaiſirs, au vrai bon-
» -veil ; Aux vrais plaiſirs, au vrai bon-
» -heur, pré-fé-rez-vous froideur, Lan-
» -heur, pré-fé-rez-vous froideur, Lan-

» - gueur? froi - deur! Lan-
» - gueur? Préférez-vous froideur, Lan-
» - gueur! Ai - gueur! A-
» - gueur! Ai - gueur! A-
mour! tes feux nous rapprochent des
mour! tes feux nous rapprochent des
Dieux; notre encens brûle à tes au-
Dieux; notre encens brûle à tes au-

-tels, avec l'en-cens des Immor-
-tels, avec l'en-cens des Immor-
-tels; Ont-ils des plaisirs plus ré-
-tels; Ont-ils des plai-sirs plus ré-
-els, que ceux de nos feux mutu-
-els, que ceux de nos feux mutu-
-els? Non; Non Non;
-els? Quels biens plus sûrs de les char-

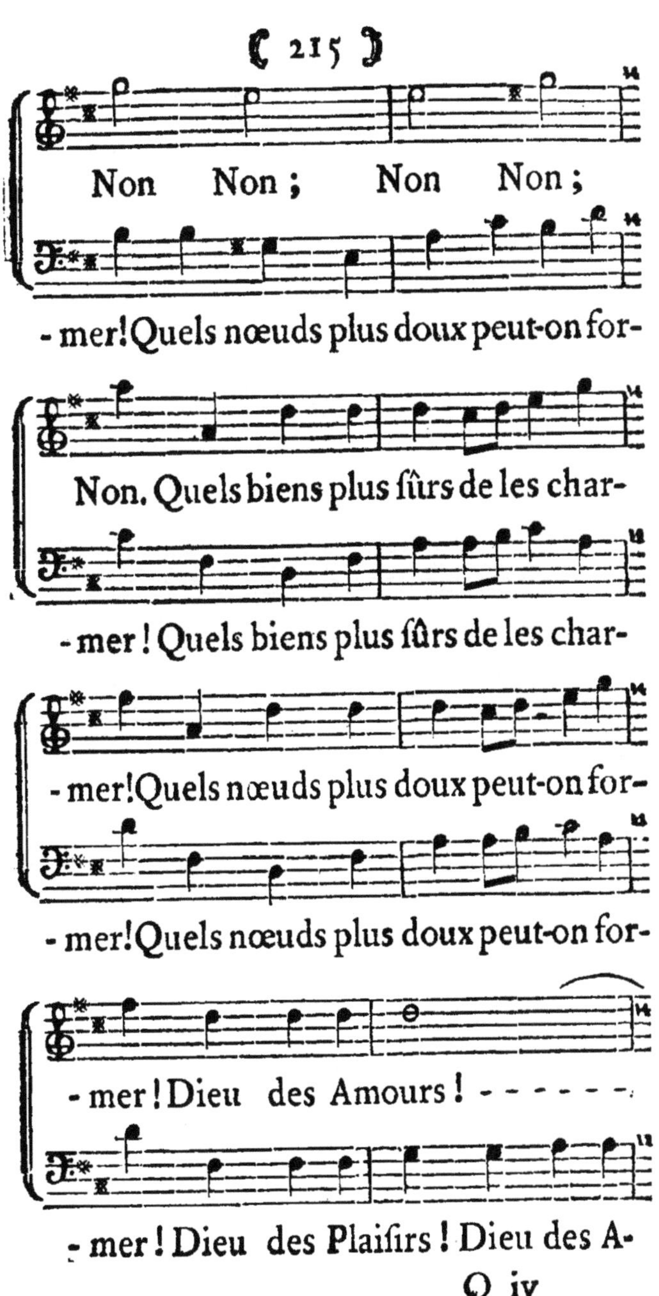
Non Non; Non Non;
- mer! Quels nœuds plus doux peut-on for-
Non. Quels biens plus sûrs de les char-
- mer! Quels biens plus sûrs de les char-
- mer! Quels nœuds plus doux peut-on for-
- mer! Quels nœuds plus doux peut-on for-
- mer! Dieu des Amours! - - - - - -
- mer! Dieu des Plaisirs! Dieu des A-

- - - Sur nos deux cœurs regne tou-
mours ! Sur nos deux cœurs regne tou-
- jours ! tou - jours ? tou-
- jours ! toujours ! toujours ! toujours; tou-
FIN.
- jours. A - - - jours.
- jours. A - - - jours.

L I X.

LE BOUQUET DOUBLE. (a)

Sur l'Air – Galante Mere des Amours.

(a) Cette Chanſon avoit trait à deux fêtes dont on avoit rapproché les diſtances, pour doubler par leur réunion le plaiſir de les célébrer.

SI le Sort, dans le même jour
N'a marqué votre fête,
Il eſt réformé par l'Amour
Qui n'agit qu'à ſa tête;
Fêtez, dit-il, au même inſtant
Louis & Madeleine;
Si le Sort fixe le moment,
L'Amour l'amène.

La Beauté n'eſt jamais ſi bien
Qu'avec la Bienfaiſance ;
Les réunir, eſt le moyen
De doubler leur puiſſance ;
Que ſur vos deux fêtes, Chacun
Que l'uſage importune,
Diſe » Où tous les cœurs n'en font qu'un,
» Deux n'en font qu'une.

L X.

L'INGÉNUE. (a)

SUR UN AIR DE M. L***

Vous me grondez d'un ton sé-ve-re,

D'avoir, malgré vo-tre le-çon,

Ce matin, dans no-tre mai-son,

Re - çu, même é-cou-té Va-le-re;

(a) *Cette Chanson veut être chantée avec le ton ingénu & boudeur d'une petite fille qui joue l'Agnès.*

Je devois fuir le téméraire,
Pour agir ſelon vos deſirs;
Mais quand on ne ſent que plaiſirs,
Comment bien marquer ſa colere?
Il reviendra ce ſoir, je crois;
Maman, grondez-moi pour deux fois.

Le nom d'amour, qui m'effarouche;
Il me le fait ſi bien goûter,
Qu'on jureroit à l'écouter,
Qu'il eſt innocent dans ſa bouche;
Il reviendra ce ſoir, je crois;
Maman, grondez-moi pour deux fois.

ENVAIN contre un Amant ſi tendre
De vos leçons je veux m'aider ;
Il ſçait l'art de perſuader,
Mieux que vous ne ſçavez défendre ;
Il reviendra ce ſoir, je crois ;
Maman, grondez-moi pour deux fois.

L X I.

LA CHANSON

EN PROVERBES. (a)

*Sur l'*Air *- Médor a sçu blesser mon cœur.*

Elle peut aussi se chanter

*Sur l'*Air *de Joconde.*

LES Arts, pour se faire é-cou-ter,

Ont la dou-leur ex-trê-me De

(*a*) Cette Chanson fût faite à l'occasion d'une fête à huis clos, qui remplaça une fête beaucoup plus étendue que l'on avoit accoutumé de donner à l'objet que l'on fêtoit ; & elle servit d'annonce à des Proverbes dramatiques.

ſe voir for - cés d'emprun-ter Le
ſe-cours de l'emblême ; Ils voudroient,
quand un vent fâ - cheux *Sous*
pied leur coupe l'herbe, Vous prouver
au moins que leurs vœux *Sont*
paſ - ſés en pro - ver - be.

LES

Les Ris, les jeux tout éperdus
Disent dans leur tristesse :
» *Le tems passé ne revient plus*
» Et tout notre espoir cesse ;
» Ah ! c'est trop perdre à tous les jeux
» Sans avoir de revanche ;
» Au moins pour un Proverbe ou deux
» Donnez-nous *Carte blanche.* (*b*)

DANS vos yeux je crois déja voir
Quelle est votre réponse ;
Vous leur dites » *Adieu, bon soir* ; . . .
Ce silence l'annonce.
Quand les Arts, de leur premier feu,
N'ont plus qu'une étincelle,
On leur dit aisément » *Le jeu* (*c*)
» *N'en vaut pas la chandelle.*

(*b*) On faisoit voir une Carte blanche.

(*c*) On souffloit une chandelle.

Six fois nous vous avons fêté, (*d*)
Nous guettions la ſeptiéme; (*e*)
Point de ſpectacle : on a compté
Renaître à la huitiéme. (*f*)
Par ce Proverbe au moins je dois
Prouver à qui la faute;
On s'expoſe à compter deux fois (*g*)
En comptant ſans ſon hôte. (*h*)

(*d*) Montrant un ſix.

(*e*) Montrant un ſept.

(*f*) Montrant un huit.

(*g*) Comptant deux jettons.

(*h*) Montrant le Maître de la maiſon.

LXII.

AUTRE

POUR LA MÊME FÊTE.

*Sur l'*Air - *Ton humeur est Catherine.*

(*a*) Montrant des jours inégaux ſur une carte.

LXIII.

CHANSON

EN FORME DE ROMANCE,

A MADAME LA M. DE P***.

SUR UN AIR DE M. L***

Belle des dons de la Nature,
Belle ſans art & ſans parure,
Belle qui toujours le ſera; *bis.*
Quand le Tems, fin de toutes choſes,
De ſon tein flétrira les Roſes,
L'eſprit Roſes toujours aura. *bis.*

GENTILS Amours ſuivent ſes traces;
Sur ſon blanc ſein naïves Graces
Semblent ſe jouer à la fois; *bis.*
Toutes, d'une ardeur ſans pareille,
Volent ſur ſa bouche merveille;
Dont vient qu'elle a tant douce voix. *bis.*

D'UN ſeul des traits qu'on voit en Elle
On enrichiroit une belle;
Avec talens point n'a fierté; *bis.*
Comme en un jardin agréable
Où chaque fleur paroît aimable,
Toutes font la toute-beauté. *bis.*

PROPICE à ma foibleſſe extrême,
Grand Dieu, daigne chanter toi-même!
Oui, toi-même offre mon encens! *bis.*
Ta voix... (oh! tant douce ſoit-elle!)
Point ne l'eſt trop, pour chanter Celle
A qui je conſacre mes chants. *bis.*

Si j'avois fortune bien grande,
Je t'offrirois bien riche offrande,
Pour quelques traits de ton ſçavoir; *bis.*
Jamais n'ai ſenti, de la vie,
De chanter auſſi grande envie,
Avec auſſi foible pouvoir. *bis.*

Oyez, Dame que rien n'efface,
Vous chanter ce m'eſt trop d'audace!
Mais point ne ſçavez affliger; *bis.*
Ayez bonté, ſi j'ai licence!
Tel un Dieu de haute puiſſance,
Bien reçoit l'encens d'un Berger. *bis.*

LXIV.

CHANSON

FAITE POUR SERVIR D'ENVOI ET D'EXPLICATION,

Aux différens tableaux d'une Boëte qu'une Dame donnoit à son amie. (*a*)

Sur l'Air - Est-çque ça se demande?

ADMIREZ la sim-pli-ci-té

D'un Peintre qui me pi-que!

(*a*) On n'avoit désigné, à l'Artiste chargé de faire cette boëte, aucun sujet particulier; on en avoit laissé le choix à son imagination : la boëte faite, on chargea l'Auteur de faire des couplets qui donnassent une espece de suite aux tableaux qu'elle présentoit; & on lui avoir surtout recommandé d'y chercher, autant qu'il seroit possible, des rapports à l'Amitié

(b) Le dessus de la boëte représentoit une figure antique, que des Enfans ornoient d'une guirlande de fleurs.

AIMABLE Eglé, je vais pourtant
Vous présenter son pere,
Bacchus (*c*) sous les traits d'un Enfant;
Erreur toute aussi claire!
L'Enfant est près de la Gaîté, (*d*)
Qui passe pour sa fille;
A-t'on jamais plus mal traité
Un Pere de famille?

TOUT est renouvellé des Grecs
Et d'après le costume; (*e*)
La Grece exige nos respects;
Mais, malgré la coutume,
Puis-je voir un Peintre, un Sculpteur,
Dégradant sa carriere,
Préférer à l'art d'inventeur
Celui de Plagiaire!

(*c*) Un des côtés, un Bacchus Enfant.

(*d*) Celui d'à-côté, une petite fille jouant du tambour de basque & dansant.

(*e*) Les deux autres côtés représentoient des Vases antiques & des ornemens à la grecque.

Le Peintre ne rend qu'à moitié
Ces cœurs unis ensemble,
Que sur l'Autel de l'Amitié
Le même prix rassemble; (f)
Jugez Vous-même si l'on voit
Pour qui cette Couronne?
Est-ce pour le cœur qui reçoit,
Ou pour celui qui donne?

(f) Le dessous représentoit un Autel, sur lequel étoient deux Cœurs & une Couronne.

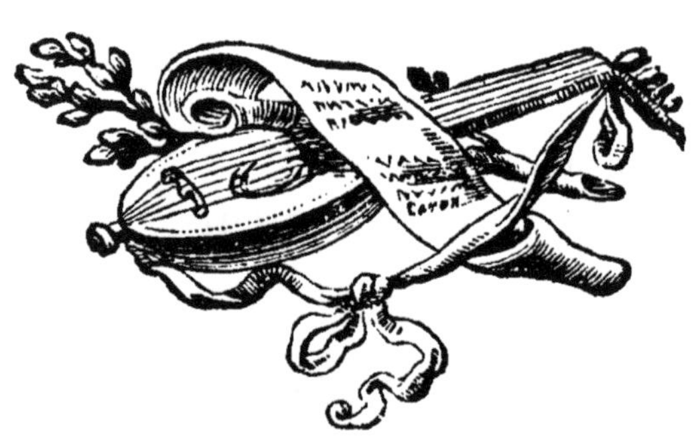

L X V.

LA VÉRITÉ DANS LE VIN,

CHANSON GRIVOISE, (a)

*Sur l'*Air *- Rien n'eſt ſi beau, rien n'eſt ſi bon.*

JE n'ſis pas r'tort en fait d'la Rime;

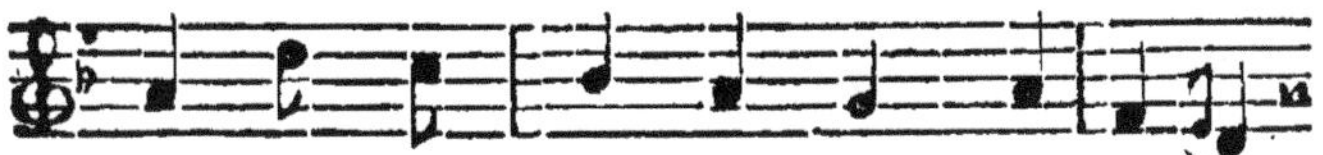

Mais faut pourtant que j'm'en eſcrime

J'veux vous prouver que *Va d'bon-cœur*, y

va d'bon cœur : J'ſuis gai ; j'vois

(*a*) Ces couplets furent chantés à table par *Va-d'bon-cœur*, ſoldat, à l'occaſion de la convaleſcence de Madame la Comteſſe d'Egmont.

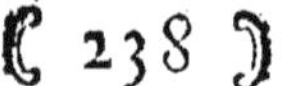

qu'on l'eſt à la ronde ; J'vois du plai-

ſir dans l'syeux d'tout l'mon-de ;

J'en ai ; pourquoi ne l'dirois-je pas ?

C'eſt ben-là l'cas.

V'LA ben des yeux en *ſentinelle*,
Qui ſemblent m'dire » d'quoi qu'i s'mêle ?
Mais j'ai réponſe *à qui va-là ;*
J'ſuis fait pour ça.
J'dis donc tout haut, pour qu'on l'entende ;
» Meſſieurs c'eſt l'Plaiſir qui *vous c'mande ;* (*b*)
» *Pourquoi ne me c'mandroit-il pas ?*
C'eſt ben-là l'cas.

(*b*) Pour commande, ainſi que le ſoldat le prononce.

Je n'ſçais pas fair' de perliphraſe,
Ni d'complimens garnis d'emphaſe;
A qui poſſéde eſprit, beauté,
N'faut qu'la ſanté;
Ça vous manquoit, je l'ſçais, Madame;
Ça nous mettoit d'lagèn' dans l'ame;
V'la qu'vous la t'nez, n'la perdez pas,
C'eſt ben-là l'cas.

Des Gauſſeux, qui trouv'tout à r'dire,
En m'voyant gris, n'manqu'ront pas d'dire:
Que ç'que j'ai dit, ſans contredit
Ç'n'eſt pas ben dit;
Mais à ces farauds-là j'replique
Un Ergument qu'eſt ſans replique,
Et c'eſt : *Qu'in vino vernitas;*
C'eſt ben-là l'cas.

TOUT gris que j'ſuis, faut que j'vous d'mande
Eun' p'tit' permiſſion, qu'eſt ben grande ;
C'eſt d'boire & d'porter vot' ſanté
A la Gaîté ;
C'eſt ben la porter à tout l'monde ;
Et d'être gris tel qui me fronde
Dit l'premier : » Si le vin à d'ſappas,
» C'eſt ben-là l'cas.

LXVI.

LXVI.

AVENTURES *REMARQUABLES* D'UN CHANSONNIER ZEN PLEIN AIR,

Où c'que l'on voit combien zil a fait de métiers pour parvenir à celui-là de faire des Chansons. (a)

*Sur l'*Air *- Relontonton.*

J'AI l'Art de la Chanson ; La raison,

la sçait - on ? Re - lon-ton-ton ; Si

(*a*) Cette chanson & les trois suivantes, completoient un tableau de Chansonnier ; le sujet de chaque couplet se trouvoit peint sur la toile. (*Nota*) L'Auteur, dans cette premiere chanson, avoit eu pour but d'imiter les refrains qui ne disent rien, & qui ne se trouvent placés dans ces sortes de Chansons que pour servir de Rimes. Ce tableau fut établi dans une Foire ; & les couplets en furent chantés par un Chansonnier accompagné de sa femme qui jouoit du Violon.

l'on veut m'écou-ter, Je m'en vais
la conter. J'avois quinze ans, Relantan-
tans, Que je lisois par tout, Re-li-ti-
tout; Je chantois au Lu-trin; Je
de-vins Or-phe-lin; Re-lin-tin-
tin; Un Vendeur de Chanson Me
prit pour son gar-çon.

Comme quoi l'Orphelin, zil quitte son Maître pour aller zà la guerre. (b)

MAIS comme il me brusquoit,
Je portai le mousquet;
Relitousquet;
Mais la taille que j'ai,
M'attira mon congé;
La larme à l'œil,
Relititœil,
Je m'en allois grand train,
Relantantrain;
Quand passant par hazard,
Un Officier houzard,
Relitouzard,
Ne me trouva pas mal,
Pour panser son cheval.

(b) Tous les titres de chaque couplent se parlent, & l'on montre avec la baguette du Chansonnier, le tableau qui est annoncé.

Comme quoi l'Orphelin se trouvit encore sans Maître.

PEU de chose est un bien
Pour queuqu'un qui n'a rien,
Relitarien;
Nous vivions sans ennui,
Moi, son Cheval & Lui;
Mais près Clairac,
Relitarac,
Un coup frappé d'estoc,
Rolototoc;
Vous envoye *ad Patres*
Mon Maître *ad honores;*
Relotorès;
Son Cheval, par bonheur,
Revint vers son panseur.

Comme le Cheval est ami de l'homme; & comme quoi zon devient queuquefois ingrat, zen dépit de soi.

IL m'enmene au galop;
Et le Porte-manteau,
Rolototeau,

Nous ſervit à tous deux,
Pour vivre à qui mieux mieux.
Ma bourſe à ſec,
Relititec,
Je vendis mon Cheval;
Relitital;
Honteux, dans mon état,
De paſſer pour ingrat!
Relititrat!
Puis ne ſongeant qu'à moi,
Je trouvai de l'emploi.

Où c'que l'on verra à queule Ecole l'Orphélin apprit za faire des Chanſons, & comme quoi zil fut gagiſte, monſtre de Pantomime, & Chanſonnier.

Je fus, chez Nicolet,
Receveur du ſoufflet;
Relitoufflet;
Pour *Monſtre* il m'employa;
Mon art s'y déploya;
Monſieur *Oſouf*, (c)

(c) Limonadier de l'ancien Opera-comiq. & de la Foire.

Relititouf,
Me connoiſſant actif,
Relititif,
Dans ſon Caffé me prit;
C'eſt là que mon eſprit,
Relititrit:
S'eſt inſtruit au métier
De (d) *Garguille* & *Gautier.*

(d) Chanſonniers.

LXVII.

HISTOIRE MORALE

DES AMOURS

DE M. PIERRE ET DE Mlle DU ROSIER, LA FILLE D'UN MARCHAND DE PLUMES,

Où c'que l'on verra la Morale, que la Forteune va & vient ſans qu'on s'en doute, & qu'elle eſt ben près quand on la croit ben loin. (a)

A celle qui jouoit du Violon,

» ALLONS LA P'TIT' MERE, L'AIR.

Sur l'Air — Du Vaudeville des Ecoſſeuſes.

J'AIMOIS Man'ſell' Du Ro-ſier,

(a) L'Auteur, dans cette Chanſon & dans la ſuivante, a eu pour but d'imiter le genre des Hiſtoires qui ſe trouvent dans ces ſortes de Recueils. Auſſi faut-il y rendre le caractere de chacun des Interlocuteurs qui y ſont en action & en récit.

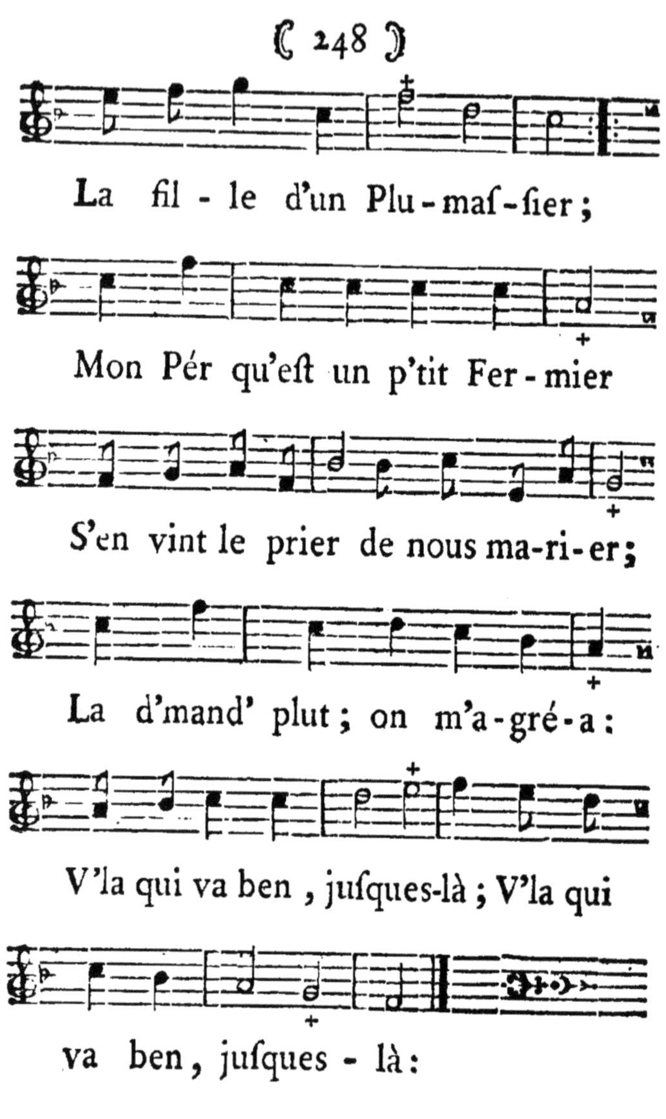
La fil - le d'un Plu - maſ - ſier ;
Mon Pér qu'eſt un p'tit Fer - mier
S'en vint le prier de nous ma-ri-er ;
La d'mand' plut ; on m'a - gré - a :
V'la qui va ben , juſques-là ; V'la qui
va ben , juſques - là :

Comme quoi la Forteune change le monde. (b)

Sus ſa porte étoit écrit,
» A l'Enſeig' *du Gagn' petit ;*
Je l'vallions ben dans ç'tems-là ;
A deux mois d'ilà,
Ce n'eſt plus cela ;
Plus riche, il tourne à tout vent,
Comme les pleumes qu'il vend *bis.*

Triſteſſe & Doleiance de M. Pierre, en apprenant que ſes eſpérances étiont ſans eſpoir.

Qui m'avoit dit oui, m'dit non;
V'la mon Amour beau garçon !
Sa fille & moi, tout le jour,
J'pleurions ; quand l'Amour
M'aviſit d'un tour ;
Car un cœur ben amoureux,
A toujours d'l'eſprit pour deux. *bis.*

(*b*) Tous les titres de chaque couplet ſe parlent, & l'on montre avec la baguette du Chanſonnier, le tableau qui a rapport au couplet.

Comme il eſt bon queuquefois de pleurer devant ſon cher pere.

J'VAS cheux nous ; tout en entrant,
J'parle à mon ch'pere en pleurant ;
Ça l'afflige, & j'dis ſus ça :
» Quand i'vous plaira (*c*)
» Ça s'arrangera.
I'm'dit : » Parle, & dans l'moment (*d*)
» Tu verras qu't'és mon Enfant. *bis.*

Tartagem' de M. Pierre.

I'M'PERMET d'fair', de ſon bien,
Tout comm' je ferois du mien. (*e*)
Cheux les Fermiers d'nos cantons
J'mene ſes Moutons,
Ses Veaux, ſes Dindons ;
Je les troque, & je les vends,
Pour des Cocqs & pour des Paons. *bis.*

(*c*) En pleurant.

(*d*) En pleurant plus fort & en imitant l'attendriſſement du Pere.

(*e*) Avec joie.

Comme l'eſprit i fait ouvrir les yeux à tout le monde.

QUAND la Fille au Per' l'apprit,
I'ſut ſurpris d'mon eſprit ;
Ça l'fit r'venir tout d'un coup ;
I'dit : » V'là du goût ! (*f*)
» C'eſt toujours beaucoup,
» Qu'à ſon âge on ait l'bon ſens
» De s'accommoder au tems ! (*g*) *bis.*

Dénoûment zagriable des Amours des deux Amoureux, à la ſatisfaction des deux chers peres.

VITE i'm'rappell' ; & tant y a,
Qu'tous deux i' nous maria ; (*h*)
Quand la fill' a m'vît choiſir ! ...

(*f*) [Avec le ton important.]

(*g*) C'étoit dans le moment où les Bonnets en plumes étoient le plus à la mode.

(*h*) Avec joie.

Jugez du plaiſir ! . . . (*i*)
Ça vint nous ſaiſir ;
Ça prouv' que l'Plaiſir dépend
Des pleum' de Coq & de Paon.

(*i*) Comme ſi la joie lui coupoit la reſpiration.

LXVIII.

CHANSON EN RIMES TOUT CE QUI GNIA D'MIEUX,

A l'occasion de l'enthousiasme d'un Poëte, dans l'moment où c'que son imagination s'enflambe. (a)

» OH ! ÇA C'EST DU BON ! J'MEN VANTE.

Premier Couplet Perluminaire qui explique tout, & pis j'sis là, moi, pour espliquer l'reste. (*b*)

*Sur l'*Air : *Tout roule aujourd'hui dans le monde.*

Elle peut aussi se chanter

*Sur l'*Air - *Du Vaudeville d'Epicure.*

QUEL transport ! quel feu ! quel - le

(*a*) Dans cette chanson faite pour être jouée, on doit s'attacher à peindre l'enthousiasme & le ton emphatique du Poëte.

(*b*) Tous les titres de chaque couplet se parlent, en montrant avec la baguette du Chansonnier le tableau qui a rapport au couplet.

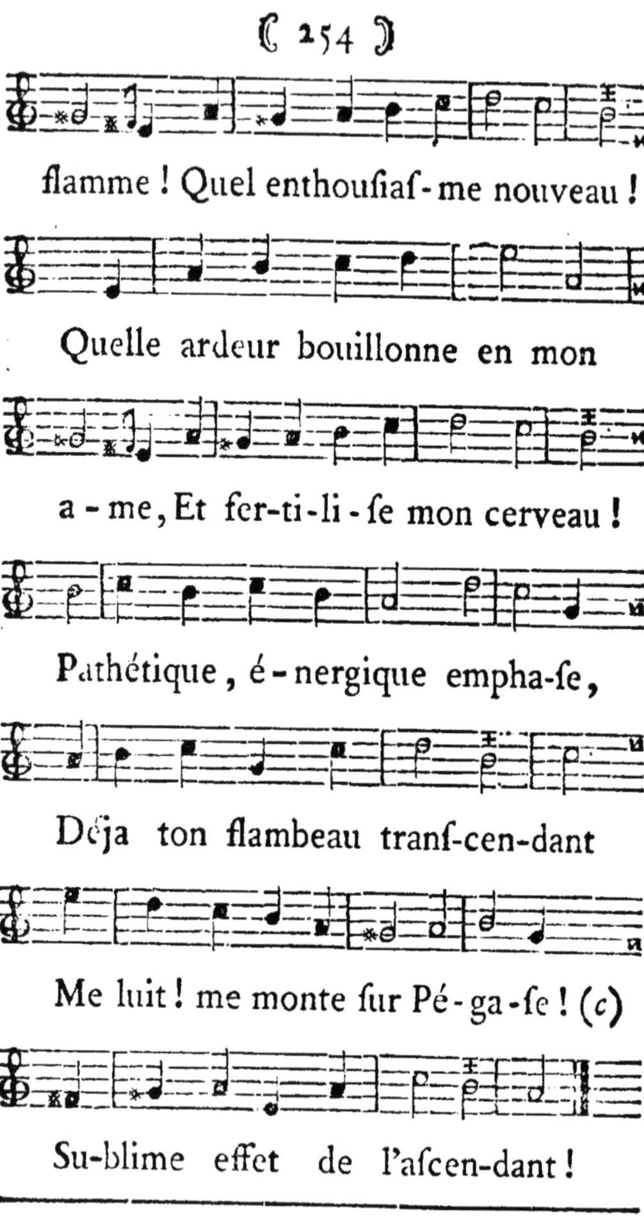

(c) Avec la joie la plus outrée.

Comme quoi le Poëte dévise avec le Cheval, qui n'est pas trop d'avis de se laisser brider.

MORS ! hanni ! carracole ! rue ! (*d*)
Fier Coursier ! tu seras bridé ;
Ce mords, dont la fougue est accrue,
C'est par ma main qu'il est guidé ;
C'est la bride de mon génie
Qui va diriger ton essor.
Sors de ta divine écurie ;
Hanni ! caracole ! mais sor ! (*e*)

Comme quoi le Poëte est mené par le Cheval à la Fontaine, qui est sa fille, & de ce qui en advient pour le Poëte.

Sors ! pars ! cours vers cette hipocréne,
(*f*) Fille de ton pied généreux ;
Que j'étanche, aux flots qu'elle entraîne,
La soif d'un cerveau... sulphureux !

(*d*) D'un ton triomphant & impérieux.

(*e*) D'un ton encore plus impérieux.

(*f*) S'arrêtant avec plaisir sur cette description.

(g) Je taris la ſource ! . . . la bourbe (h)
Croupit pour la poſtérité !
Rimeurs, c'eſt moi qui vous embourbe !
(i) Ma ſoif vous aura tout ôté !

Comme quoi le Poëte dit tout plein de douceurs à la belle Sourçe des Penſées, pour en tirer tout ce qu'ignia d'mieux.

VOUS, qui dans vos ondes fameuſes (k)
Roulez l'eſprit, le feu, le ſel,
Source riche ! vos eaux rimeuſes
Inondent le cœur d'un mortel ;
Fleurs immortelles, diſperſées,
Dont j'ai dépeuplé ce boſquet,
Venez, comme autant de penſées,
Vous raſſembler dans un couplet !

(g) Avec une joie déméſurée.

(h) Avec la morgue la plus marquée.

(i) Avec encore plus de joie.

(k) Du ton d'un homme qui s'écoute & qui eſt très-content de lui.

Et

Et voilà comme la tête pleine de ces pensées, & yvre de c't'eau-là, il chante le couplet za l'objet dont il est enflambé.

*Sur l'*Air - *Quand on a bu la tête tourne.*

(*l*)

La Terre autour du Soleil tourne,

Tour-ne, Tourne; Mais il est sensible

à son *tour;* De l'œil quand il suit

qui le tour-ne, Tourne, Tour-ne;

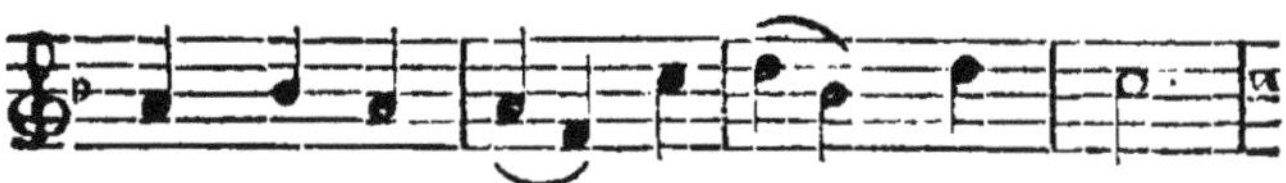

Un regard annonce un re-tour;

(*l*) Ce couplet se chante d'un ton langoureux.

(m) Du ton le plus animé.

LXIX.

CHANSON

VÉRIDIQUE & HISTORIQUE DE L'HISTOIRE DES AMOURS *MALHEUREUX & HEUREUX* DE L'AMOUREUX MONSIEU CHRISTOPHE, ET DE MAN'SELL' SON AMOUREUSE GEORGETTE ;

Où c'que l'on verra la Morale qu'une Fille qui n'a point de ſécrets pour ſon cher Pere & ſa chere Mere, ça a toujours une bonne fin ; & de ce qui s'en enſuivit pour l'heureux ſuccès de leux Amours. (*a*)

Comme quoi M. Chriſtophe qui eſt parti d'Pontoiſe, il arrive à Paris pour cogner zà la porte du logis de ſon Amoureuſe. (b)

Allons, la p'tit' Mere, joue nous l'Air.

Sur l'Air - De la Contredanſe des Pandours.

JE v'nois tout courant d'Pontois', Pour

Nota. Dans cette chanſon faite pour être jouée, il faut peindre les trois caracteres qui y ſont en action.

(*a*) Le but de l'Auteur étoit de parodier les fauſſes Rimes qui ſe trouvent aſſez ſouvent dans ces ſortes de Chanſons, où l'on fait volontiers rimer hallebarde avec miſéricorde.

(*b*) Tous les titres de chaque couplet ſe parlent.

(c) D'une voix tremblante

Comme quoi M. Chriſtophe i' fut tout penaud zen cherchant ſon Amoureuſe, de ne trouver que ſon cher pere au lieu d'Elle.

LUI qui mont' l'ariſmétiqu', (*)
Sçait
Qu'il a d'leſprit ben plus qu'
Moi ;
Mais tenez quoiqu'il caus'
Très-bien,
Sa Fille à mon gré jas' (*d*)
Mieux ;
I'fut ſurpris d'ma ſurpris',
Car
J'n'avois pas l'air ben ais'; (*e*)
Non :
Auſſi m'dit i', » Chriſtoph'
» Qu'as-tu ? (*f*)
» T'as l'air d'une Epitaph'
» Dà.

(*) Pour montre l'arithmétique.

(*d*) Avec un rire niais qui annonce le plaiſir qu'il a de parler de ſon Amoureuſe.

(*e*) Avec l'air chagrin.

(*f*) En riant.

Comme quoi M. Christophe rassemble tout son esprit, pour ne pas paroître partroublé, & répondre juste aux questions du cher pére qui lui demande, » qu'as-tu ?

J'ly dis d'un air politiqu'
» Rien ; (g)
Je m'rassur' & j'dis » C'est qu'
» L'air
» Raffroidit & rend pâl' (h)
» Queuqu'zun ;
» Et sur tout quand il gél'
» Fort ;
I'm'dit » V'la du feu. J'm'approch' ;
Mais,
Quoi qu'i' mett' buch' sus buch'....
Boh !
L'on sent, pour peu qu'l'on aim',
Queuqu'fait
Sus l'cœur, eun' chaleur comm' (i)
Ça !

(g) Du ton d'un homme qui cherche à ne pas avoir l'air déconcerté.

(h) En riant.

(i) Avec le ton de l'humeur & du chagrin.

Comme quoi le cher pére i' fait mine de ne ſçavoir rien, & qu'il embarraſſe ben plus fort l'Amoureux.

J'ALLOIS lui parler d'Georgett',
Quand
Lui même i' m'dit tout d'ſuit'
Que
Sa Mere, à *la grand pint'* *
La m'noit,
Pour diner cheux ſa tant'
Là ;
A diner v'là qu'i' m'propos'
Lui ;
Moi qui ſçais que je jas'
Trop,
Je r'fus' comm' eun' pécor',
D'autant
Qu'on croit que j'n'avois guér' (*k*)
Faim.

(*k*) En pleurant.

* Guinguette.

Comme quoi M. Chriſtophe fut ben triſte, & ben gai par après, de ce qu'on s'gouailloit de lui.

» Avant tout les affair' paſs'; (*l*)
» Pars ;
J'li tir' ma révérenc';
Quand
Je vois mon Amoureus'
Qui vient ! (*m*)
Et m'dit » Qu'eſt c'qui vous preſs' (*n*)
» Tant ?
» I'r'part pour Pontois', dit l'per'; (*o*)
Moi,
Je n'pouvois plus lui dir', (*p*)
» Non ;
Et le per' de rir' comm'
Un fou !
En m'diſant » j'ſçais qu'tu l'aim';
» Vas. (*q*)

(*l*) D'un ton ſérieux : mais un peu ironique.

(*m*) Avec l'air de la plus grande ſurpriſe & de la plus grande douleur.

(*n*) En reproche tendre.

(*o*) Jouant l'air ſerieux.

(*p*) Du ton le plus triſte.

(*q*) En ſouriant à M. Chriſtophe, de l'air le plus franc.

Heureux ſuccès des Amours de M. Chriſtophe & de Mademoiſelle Georgette.

» DÉSORMAIS plus de miſtér'! (*r*)
» Vien !
» Je permets qu'tu l'ador' ;
» Oui.
» Sois content, j'frons ta nôc'
» Bientôt ;
I' m'ſaute au cou ; j'l'embraſs'
Moi ; (*s*)
Sa Fill' ly avoit fait ma d'mand';
Lui,
Qu'eſt l'meilleur per' du mond',
Dit ;
» Amant qui vient d'Pontois' (*t*)
» Pour toi,
» Ça vaut ben que j'ly dis'
» Oui.

(*r*) Avec bonhommie & ſatisfaction.

(*s*) En ſautant d'aiſe.

(*t*) Avec la plus grande joie.

LXX.

LETTRE

D'UN PAYSAN. (a)

MADAME la Comteſſe je me donn' lonneur de vous écrir' ces lignes, pour à cell' fin que vous ſachié dabor, que je ſuis du village d'ici près, & que par ainſi, quand tous les bons habitans de la France ils ont tremblé comme tout, por la ſanté de nos trois braves Princeſſes, je devions trembler ben plus, à raiſon que j'en étions plus près, que ceux qui en étiont plus

(a) Cette Lettre faite à l'occaſion de la Convaleſcence de Madame Adélaide, de Madame Victoire, & de Madame Sophie, & qui avoit pour objet de déſigner par des refrains de Vaudevilles, les différens périodes de leur maladie, fût adreſſée aux Dames qui les avoient gardées à Choiſi : on a cru devoir y obſerver l'ortographe qui convenoit au langage payſan. Cette Lettre veut être lue de maniere à faire voir le Payſan qui parle.

loin ; & que plus on étoit près d'elles , plus la crainte qu'on avoit pour elles, touchoit d'pus près ; mais je n'ſonge pas , moi , que vous ſavez ça , puiſque vous êtes à la ſource, & que c'étoit inutile à dire, par quoi ç'n'eſt pas ſus ça que je me donne l'onneur de vous écrire. Mais c'eſt pour en revenir à ce que j'avons dans note Village un Poëte , que je prendrions quaſiment pour un Sorcier, rapport qu'il avoit des.... des.... des.... Refrains qu'il appelle ? (Oui c'eſt ça des refrains, je dis bien ;) qu'il ageançoit quaſiment à tout, & qui étiont appliqués ſi juſſe que je voyions pus clair à la maladie ſus ſon R (*b*), que ſus les billetins (*c*) de la Médecine, & vous allez voir ſi c'eſt pas juſſe (*d*). Car je me ſouviens de ça comme ſi j'y êtions ; tenez, quand l'énée de nos bien aimées s'eſt ſenti du mal à la tête & aux rhin... (*e*) V'la ti' pas notre chien de Poëte qui nous a entonné

(*b*) Pour air.

(*c*) Pour bulletins.

(*d*) Pour juſte.

(*e*) Pour reins.

L'R (f) des Trembleurs ?

Et v'là ti' pas nous que j'avons retenu casiment tout de suite c't'R là par cœur ? & que ça a gagné de proche en proche, & pus loin que je n'pourions vous dire. Et pis, (g) quand j'avons vu des Neveux & des Niéces qui aimont ben leux Tantes, être obligés en dépit d'eux de s'éloigner d'auprès d'Elles, v'la encore notre chien d'entonneux qui entonne en pleurant la cause de tout ça, en disant :

(h) MORGUÉ l'y v'la, morgué l'y v'la.

Je n'entendions que trop ben qu'il devinoit juste ;

(f) Pour air.

(g) Pour puis.

(h) Ce refrain ainsi que tous ceux que l'on va voir, se chantent.

(*i*) & pis après, comme j'avions ben aſſez d'eune inquiétude auſſi *marquée* que ſtel' (*k*) là.... en v'la ti pas cor (*l*) une ſeconde qui nous viant !... J'entendons parler du mal de tête ; encore !... Ah, monguieu, qu'eſt que c'eſt qu'ça ! & note entonneux d'entonner encore.

Ah ſarpeguienne Monſieur, ly dis-je, qu'eſt que vous dites-là !... eſt-ce que la reſſemblance, c'eſt les mêmes ſaints-thom (*m*) de ſte maladie ? & mon ſorcier de Pouète, de me dire encore en tremblant :

(*i*) Pour juſte.

(*k*) Pour celle-là.

(*l*) Pour encore.

(*m*) Pour ſimptomes.

» Ell' l'attrap'ra, Ell' l'at-tra-p'ra.

Ah les ſorciers de refrain pour attraper toujours juſte ! car c'eſt vrai ; eh pardine vous le ſçavez ?... Je crois donc que c'eſt tout. Bah ! v'la ti pas mon chenapan de devineux qui entonne le lendemain ſon ſorcier d'R

Des Triolets.

Comment, Monſieur toutes tras (*o*) malades ! & comment ſuffire à tras inquiétudes comm' ça ! pardine vous avais de tarribles refrains !.... V'la d'ſus ça que je trottons, que je courons, mais que je pouvons pas les enviſager parce qu'on nous laiſſet pas approcher ; & que c'eſt ben tannant (*p*) de ne pouvoir juger par ſoi-même, & d'être obligé de chercher dans les meines (*q*)

(*o*) Pour trois.

(*p*) Pour déſolant.

(*q*) Pour mines.

un rian d'eſpérance, ou pour ceux qui ſavon lire, de rapporter les billetins, pour les eſpliquer à tout le village, où drès que j'arrivions note entonneux diſoit :

Ah ! j'attendrai long-tems, La nuit eſt

loin en - co - re !

C'eſt que la nuit alle étoit le jout critique ; vous entendez bien ?... & pis le lent demain (*) il nous diſoit.

Le tems paſ - ſe, paſ - ſe, paſ - ſe.

(*) Pour lendemain.

Passe pour ça, quand il nous donnoit de l'espérance, & pis à la derniere crinte (*r*) que j'avons u (*s*), je l'entendis dire

» ÇA n'dur'ra (*t*) pas toujours, Ça n'

» dur'ra pas toujours.

Comme il ne s'étoit pas trumpé (*u*), ça commencet à me rassurer pus fort; & puis le soir v'la que je l'entens dégoiser

(*r*) Pour crainte.

(*s*) Pour eue.

(*t*) Pour durera.

(*u*) Pour trompé.

» IL

» Il n'eſt qu'un pas du mal au bien.

Ah ! je vis ben clair que c'eſt que çte chienne de *glutition* (*v*) qui m'effreyoit, parce que je ſavions pas ce que ça veut dire ; mais qu'a vouloit dire apparamment que çte maladie gloutonne qui voudroit tout avaler a'n', (*x*) trouvoit pus (*y*) à mordre, & falloit que ce fut ça ; car drès le lent demain j'entens note entonneux dire

(*z*) (&)

» Note eſpoir allet fai-re no-fra-ge

(*v*) Pour déglutition, mot qui avoit été ſouvent employé dans les bulletins,

(*x*) Pour elle ne.

(*y*) Pour plus.

(*z*) Pour alloit.

(&) Pour naufrage.

Nous goûtons la douceur d'un bo(aa) jour.

Oh, je ly sautei au cou, (révérence parler) parce que je vis ben que ce bo jour..... C'est qu'igniavoit pus de nuage ; & Lui, pour mieux renfoncer nos crintes, se mît à entonner à la fin de tout ça, ce que je ne cessons de répéter depis (bb) ce moment-là.

» On en est quitte pour la peur.

Mais vous ne savez pas ce qui ly est arrivé ?

(aa) Pour beau.

(bb) Pour depuis.

c'est qu'o (cc) milieu de tout ça, il a laissé tumbé, de sa poche, des papié qui m'avont paru à moi, être (dd) casiment un magazin de refrain dessus tout ça ; & j'avons l'onneur (ee) & la licence de vous les envoyer, comme une preuve que je n'avons pas menti, pi que c'est la vérité comm' vous le verrez ; & que c'est pas sus des chos' comm' ça, qu'on voudroit pas dire la pure vérité, vous convenais de-ça ? pas vrai Madame la Comtess' ? dont même les v'là que j'ons copié de bout en bout.... & avec son ostographe ;... & que j'ai même fourré là des espliquation de moi.... pour qu'ça fut pus clair.... quoique vous verrez ben... mais c'est qu'il parl'... queuque fois un peu fin pour nous... Mais v'là toujours le commencement.

(cc) Pour au.

(dd) Pour quasiment.

(ee) Pour l'honneur.

Sur l'Air des Trembleurs. (ff)

(ff) Ces couplets ainſi que les ſuivans étoient d'une écriture différente ; ils étoient cenſés tombés de la poche du Poëte, & par conſéquent ſon ortographe y étoit conſervée.

Et ſemble encor, par ſes charmes,

Nous at-ta-cher au bonheur.

Guieu me pardonne ! (*gg*) je croi qu'il parle là à nos tras braves Princeſſe ! faut qui conte (*hh*) ben ſus leux bontés pourtant ! c'eſt ben licentieux dà !... auſſi c'eſt i ſus l'R des Trembleurs. Mais les autres d'après, c'eſt différent ; ça n'fait que parler d'ell' & vous verrez à qui ça s'adreſſe. Les v'là & d'ſus le même R, qui a tant duré comm' je vous diſion.

JUGEZ les cœurs ſur le vôtre !
Quel effroi devint le nôtre

(*gg*) Pour Dieu me pardonne !

(*hh*) Pour compte.

Quand, paſſant de l'une à l'autre,
Ce mal vint les accabler !
La Douleur plaintive & ſombre,
De l'Eſpoir embraſſe l'ombre,
En montrant aux Dieux le nombre
Des cœurs qu'il faut conſoler.

PLUS taciturne qu'un therme,
Chaque Docteur ſe tient ferme
Pour ſe taire ſur le terme
Fixé pour ſécher nos pleurs ;
Nous laiſſant, de proche en proche,
Guetter un mot qu'on accroche
Au zéle qui ſe rapproche
De nos vœux & de nos cœurs.

Oh ! ça, c'eſt vrai ; comme ce qu'il a mis dans l'otre (*ii*) qui ſuit, & que vous allé voir, & que vous reconnoîtrez ben ; car ça regarde & vous & d'otre Dame.

(*ii*) Pour l'autre.

Sur l'Air - Du Vaudeville de la Pupille.

» Le zele eſt de tout â - ge.

Çtui-là d'après, i regarde ben pus de monde, quoiqu'il ſoit ſus le même R.

Chez nous paſſe-t'il un Courier;
Pour l'interroger, on l'arrête;
C'eſt à qui ſçaura le premier
Ce qui peut nous calmer la tête;
On voit alors, juſqu'aux enfans
Pour ces ſoins quitter leur laitage,
Et crier avec leurs mamans,
» La crainte eſt de tout âge.

C'eſt que ces chiens de Courriers, faut dir' vrai, ils étions toujours preſſés comm' tout, & quoique je leux parliſſions tretous en même tems, à peine en tirions-je une parole. Ils ne ſaviont que nous renvoyer aux billetins ; que je nous relayions tous pour aller prenre,.... mais vous savez ben d'sus ça ?.... & tenez, il le dit ben itou, lui, dans l'R d'après.

Sur l'Air - Il étoit um Cordelier.

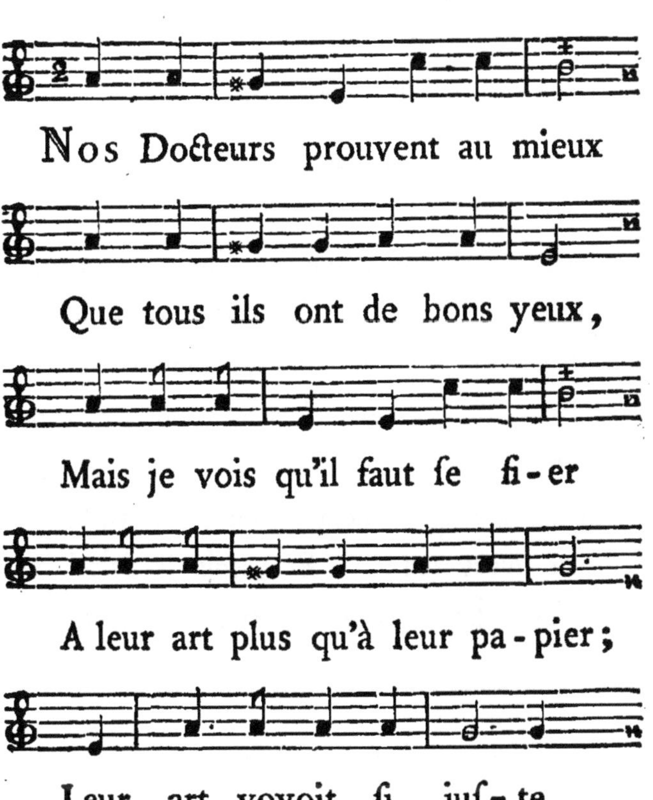

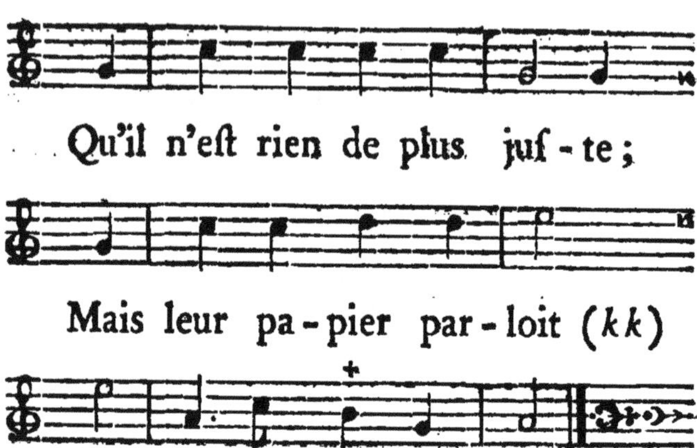

Pas plus qu'il ne fal - loit.

Auſſi vantez que j'nons pas été d'ſus ça dupe de mon bon cœur pus de tras ou catre fois, car quand jon vu qui nous emboiſiont, je nous ſomm' acoutumé à juger d'ſus les meine, ça trumpe ben moins & pis comme je ſavion le provarbe, bon ſang ne peut mentir ; jont vû la tout à point queut zun ;... Et pardin le Princ' que vous ſavez ben ; cand il ſortet de cheux lune

---

(*kk*) Alluſion aux bulletins qui ne tranquilliſoient jamais auſſi promptement que l'on l'auroit ſouhaité !

ou l'autre de mes Dame, je voyions tout de suite ç'qui en etoit, & i faut que note Pouete i l'ait vu de d'même, car v'la ç'qui chante du Prince.

Sur l'Air - De tous les Capucins du monde.

Le sang qui coule dans ses veines

Le rend plus sensible à leurs peines,

Et cha-que jour c'est sur son air

Que la crainte ou l'espoir se fonde:

L'at-ta-che-ment par le plus clair

Que tous les bul-letins du monde.

Mais sarpeguenne y a eu de fiers momens; où que j'e l'ai ben plain, comme vous tretoutes au moins Mesdames, & i faut que not Entonneux il ait vu aussi ça ly. Voyez pustôt dans ce qu'i dit après, sus l'R

Du Vaudeville du nouveau monde.

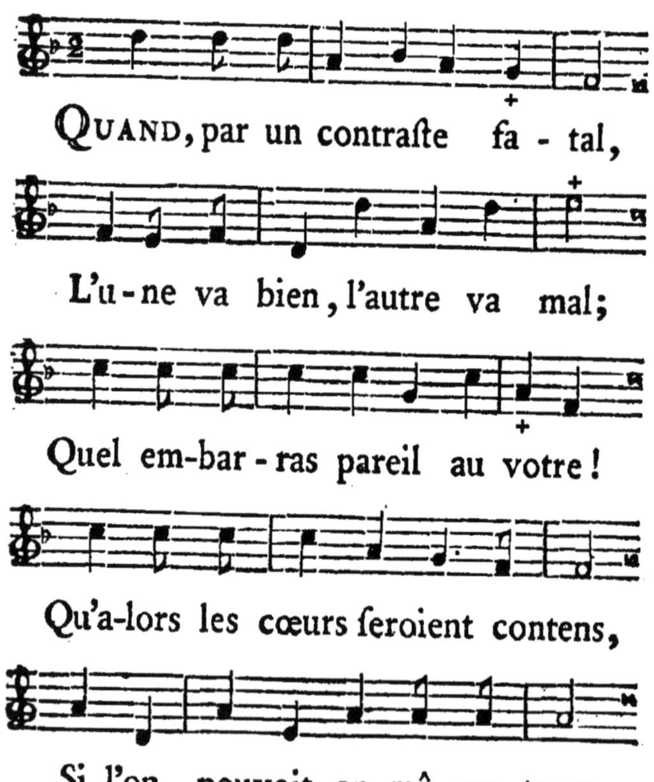

Ri-re d'un œil, pleurer de l'au-tre!

C'est morgué là l'pus (*ll*) embarrassant de tous; car il falloit dissimiler (*mm*) tantô (*nn*) chez l'une, tantô cheux deux, queuque fois cheux toutes tras, & se comporter à l'avenant ni pus ni moins; parce qu'elles étions (reverence parler faut i dire) ossi (*oo*) partroublées de la maladie de leux sœurs que de la leur à elle; mais faut qu'all rendiont aisé ce qu'on crairet (*pp*) casiment impossible, ça paret cleir dans ce que not' Pouete i dit après dans ses paroles.

(*ll*) Pour le plus.

(*mm*) Pour dissimuler.

(*nn*) Pour tantôt.

(*oo*) Pour aussi.

(*pp*) Pour croiroit.

Air - *Cela ne me ſurprend pas.*

QUAND la ſanté n'éprouve aucun tracas,
Que l'œil diſtingue, qu'il remarque
Les ſoins qu'un zele ardent nous marque!
Cela ne me ſurprend pas ;
Mais que l'ardeur d'un mal dont on friſſonne,
Portant l'effroi de ſœur en ſœur,
Nous faſſe voir que la douleur
Touche au corps ſans changer le cœur !
C'eſt-là ce qui m'étonne.

Vous qui les connoiſſez, j'gage ben, moi, qu'ça vous étonne pas ; & faut apparament qu'il ait voulu dire queute chos' de mieux deſſus ça, & qui n'ait pas oſé, car m'eſt avis qu'i' s'éſcuſe dans les paroles d'après.

Air - *On en est quitte pour la peur.*

ODE

ODE ou chanſon, vers ou proſe
Qu'on a faits ou qu'on diſpoſe,
Tout leur annonce un même cœur.
Que l'eſprit invente, inſpire!
Qu'il rêve bien! c'eſt pour dire,
» On en eſt quitte pour la peur.

Et pis v'la tout. Parquoi otre chos' n'ai za vous mandé, ſinon que je ſis

Madame LA CONTESSE,

Votre très-humble & très-obéiſſant ſerviteur,

PIERRE LE VRAI.

Et pis v'la deux ôtes Lettre qui ſont la même, que je vous prions de faire tenir à leus adreſſe, parce qui faut qu'all ſachion ça de d'même que vous, pi (*qq*) qu'ça les intéreſſe itou de d'même, & que j'voudrions avoir pus d'eune main por écrir' por en envoyer davantage. (*rr*) Mes, ça s'peut pas... pis même que j'ons prié le Magiſter du Village de m'aïder à mette les virgul & les points ſur les i... que je ſai pas trop ben... pour qu'ça fut pus propre toujours.

(*qq*) Pour puiſque.

(*rr*) Pour mais.

LXXI.

CHANSON

POUR SERVIR D'EXCUSE

AUX MUSES.

Sur ce qu'elles ne purent hier, pour des raiſons que l'on va voir, envoyer une Chanſon que l'on leur demanda. (a)

*Sur l'*Air – *De tous les Capucins du monde.*

JE viens vous offrir les ex-cu-ſes

(a) Pour l'intelligence de ces Couplets, il eſt néceſſaire de dire qu'aux quatre coins d'une table mouvante, il y avoit quatre *Servantes* (nom que l'on donne à de petites tables ſur leſquelles pour faciliter le ſervice on met les aſſiettes, le vin, &c.) L'uſage étoit d'écrire les objets que l'on déſiroit ; à l'aide d'une ſonnette, cette petite table deſcendoit & remontoit le moment d'après, & l'on

De la plus ſen-ſi-ble des Muſes,

» Ah, dit-el-le, quel jour je pers !

» L'abſence eſt le tort d'un cœur tendre

Qu'on ne prendra jamais ſans vers,

Quand vous voudrez vous faire entendre.

---

y trouvoit les vins, fruits, &c. que l'on avoit demandés. Une Dame demanda des épingles, enſuite des roſes ; le tout fut envoyé ; mais ayant demandé une Chanſon l'on ne put dans le moment ſatisfaire à la demande ; c'eſt ce qui a donné lieu à ces couplets.

» Vos vœux ont eu pour interpréte
» Une Servante (*b*) mal-à-droite
» Qui nous en garda le ſecret;
» Si le zéle en eût fait l'annonce
» Nous aurions trahi l'Indiſcret
» En le chargeant de la réponſe.

Guetter vos vœux, pour vous ſurprendre,
Les prévenir ſans les attendre,
Sont des plaiſirs doux à chercher;
Auſſi vît-on, dans l'inſtant même,
» Que ce qu'il faut (*c*) pour attacher,
» Se trouve où l'on voit ce qu'on aime.

» Le moment où des mains divines,
» Des fleurs, écartent les épines,
» Rend leur don plus cher à nos vœux;
» Auſſi ceux de l'ame ravie

(*b*) Voyez ci-deſſus la Note *a*.

(*c*) Voyez ci-deſſus la Note *a*.

» Furent, de ne fixer vos yeux,
» Que ſur les Roſes (*d*) de la vie.

» Les Muſes, qu'un rien intimide
» Près des Dieux ont beſoin de guide;
» S'en approcher eſt leur deſir;
» Mais la crainte arrêtoit leur zéle;
» Sçachant qu'il n'eſt que le Plaiſir
» Qui vienne ici ſans qu'on l'appelle.

(*d*) Voyez la même Note.

LXXII.

IMPROMPTU
DANS UNE MAISON,
OU L'ON TIRA LES ROIS A DEUX TABLES;

La Feve étant échue à l'Auteur, un Prince, Roi de la grande Table envoya boire à la ſanté du Roi de la petite, l'Auteur en lui remettant la Feve, lui chanta les Couplets ſuivans.

*Sur l'*Air – *Trois Enfans gueux.*

JE dois au Sort un bonheur ſans é-

-gal; Je vais jouir du plaiſir qu'il me

donne, Si vous ſouffrez qu'un pe-

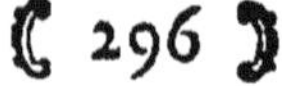

Un Rang de plus ne vous éblouit pas ;
Vous, de nos Rois & le Sang & l'Image !
Qu'un vain éclat aura pour moi d'appas,
S'il donne un prix de plus à mon hommage !

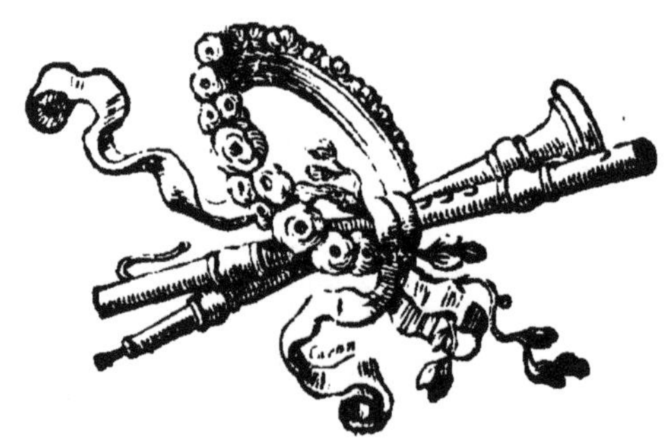

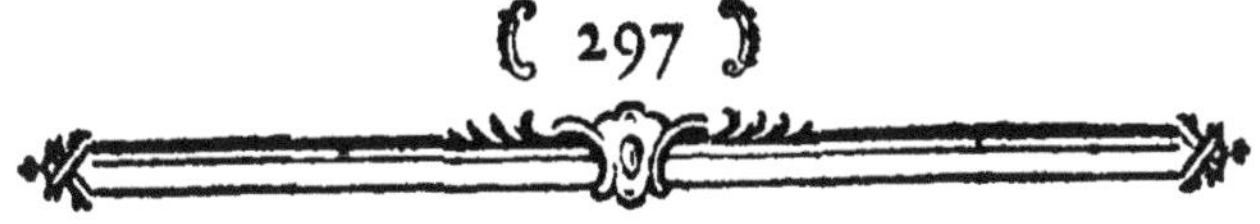

LXXIII.

L'INAUGURATION *DU TEMPLE* (a) *DE L'AMITIÉ.*

Cette Chanson peut aussi se chanter

Sur l'Air - Du Vaudeville d'Épicure.

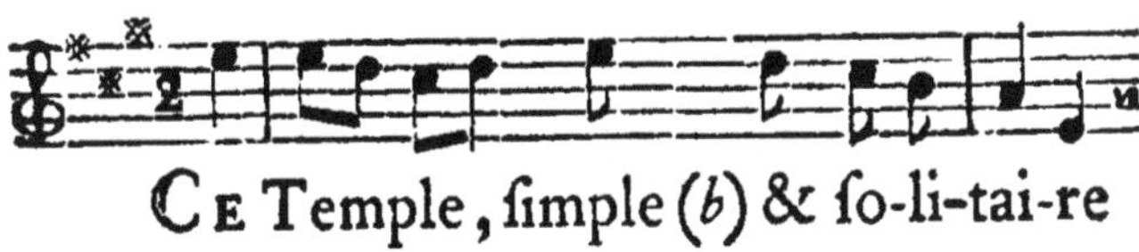

CE Temple, simple (*b*) & so-li-tai-re

(*a*) Pour saisir l'à-propos de cette chanson, il est nécessaire de sçavoir que S. A. S. Mademoiselle, avoit donné les desseins d'un petit *Temple de l'Amitié*, placé dans un des bosquets de Vanves ; S. A. S. s'étoit même fait un amusement d'y travailler avec de jeunes Demoiselles de son âge, qui fixerent au jour de sa fête, celui de l'inauguration du temple ; elles demanderent à l'Auteur de peindre les différens attributs de l'Amitié, qui servoient d'ornement à cet édifice simple & agréable ; & en rappellant dans un seul couplet la fête de la jeune Princesse, elles lui recommanderent sur-tout de ne mêler aucun éloge dans un objet où elle seroit plus flattée de ne trouver que les sentimens qu'Elle leur inspiroit.

(*b*) Temple de l'Amitié devant lequel se chantoient ces couplets.

(c) Toute la terre étoit le temple de l'Amitié dans l'Age d'or.

TU dois conſerver cet Ouvrage
Dont tu poſas les fondemens ; (*d*)
Retraite aimable, où ton image (*e*)
Tient lieu de tous les ornemens ;
L'encens (*f*) t'y peint les vœux ſinceres
Que jadis offroit à tes yeux,
Tout l'univers peuplé de freres
Dont tes loix faiſoient des heureux.

SOUS la douceur de ton empire
Dut-on deſirer d'autres biens ?
Mais l'Amour naît, le cœur ſoupire ; ...
Quels nœuds vont remplacer les tiens !
J'entens gémir la Tourterelle ! ...
Les Mortels ceſſent d'être égaux ; ...
On connoît le nom d'Infidele ; ...
L'univers compte tes héros. (*g*)

(*d*) S. A. S. a poſé les fondemens de ce temple.

(*e*) Statue de S. A. S. ſous la figure de l'Amitié.

(*f*) Les quatre Caſſolettes qui ſont autour de la Statue.

(*g*) Dans l'Age d'or tous les hommes étoient égaux ;

Tu crois revoir les jours d'Aſtrée
En fixant Pollux & Caſtor. (*h*)
Tu jouis en voyant Théſée (*i*)
Te chercher juſqu'au ſombre bord:
Mais vois-tu le fils de Pélée (*k*)
A tes nœuds immoler Hector!
Tes pleurs coulent ſur le trophée;
Et ton cœur en frémit encor.

---

ce n'eſt que dans les Ages ſuivans que l'on a cité les Héros de l'amitié.

(*h*) Héros de l'amitié. Leur amitié fut telle qu'ils voulurent partager juſqu'au ſéjour de l'Olimpe, & qu'ils paſſoient alternativement ſix mois dans les Cieux, & ſix mois dans les Enfers.

(*i*) Théſée deſcendit aux enfers pour y chercher ſon ami Pirithoüs.

(*k*) Achille après ſa querelle avec Agamemnon, avoit laiſſé repoſer ſes armes & refuſoit de combattre pour la cauſe des Grecs; il apprend que Patrocle vient de périr ſous les coups d'Hector; le deſir de venger ſon ami lui rend ſon intrépidité, & il immole Hector aux manes de Patrocle.

LES Arts, dont je vois les Emblêmes (*l*)
Joints à ces hommages pompeux ;
Auroient du mieux connoître, eux-mêmes,
La douceur d'être dans tes nœuds ;
Mais auprès de Toi tout rappelle
A leurs yeux encor prévenus,
Que du moins l'Amitié près d'Elle
Cherche à conſerver les Vertus. (*m*)

DANS ſon Temple où l'on voit encore
Ses attraits revivre à nos yeux,
Si nos vœux, (*n*) dans l'ardeur d'éclore,
Ont attendu ce jour heureux,
Avec le zéle qui vous fête, (*o*)
Tous les cœurs ſemblent de moitié ;

(*l*) Emblêmes des Arts joints aux trophées.

(*m*) Les trois Médaillons qui ſont près de la Statue de l'Amitié.

(*n*) L'inauguration du Temple.

(*o*) à S. A. S.

Et le plaisir de votre fête (*p*)
Ne peut qu'honorer l'Amitié.

(*p*) Voyez la Note *a*.

www.ingramcontent.com/pod-product-compliance
Ingram Content Group UK Ltd.
Pitfield, Milton Keynes, MK11 3LW, UK
UKHW020543180726
13838UKWH00001B/14